中国个人捐赠行为影响机制探讨

赵芬芬 ——— 著

Research on the Influencing Mechanism of
INDIVIDUAL DONATION
BEHAVIOR IN CHINA

中国财经出版传媒集团

经济科学出版社
Economic Science Press

图书在版编目（CIP）数据

中国个人捐赠行为影响机制探讨／赵芬芬著. —北京：
经济科学出版社，2021.11
ISBN 978 - 7 - 5218 - 3077 - 4

Ⅰ.①中… Ⅱ.①赵… Ⅲ.①慈善事业 - 个人行为 -
研究 - 中国 Ⅳ.①D632.1

中国版本图书馆 CIP 数据核字（2021）第 234050 号

责任编辑：杨　洋　卢玥丞
责任校对：刘　昕
责任印制：王世伟

中国个人捐赠行为影响机制探讨

赵芬芬　著

经济科学出版社出版、发行　新华书店经销
社址：北京市海淀区阜成路甲 28 号　邮编：100142
总编部电话：010 - 88191217　发行部电话：010 - 88191540
网址：www.esp.com.cn
电子邮箱：esp@esp.com.cn
天猫网店：经济科学出版社旗舰店
网址：http://jjkxcbs.tmall.com
北京季蜂印刷有限公司印装
710×1000　16 开　11.5 印张　200000 字
2021 年 11 月第 1 版　2021 年 11 月第 1 次印刷
ISBN 978 - 7 - 5218 - 3077 - 4　定价：45.00 元
（图书出现印装问题，本社负责调换。电话：010 - 88191510）
（版权所有　翻印必究　举报电话：010 - 88191586
电子邮箱：dbts@esp.com.cn）

前　言
PREFACE

随着我国公益事业的发展及公民慈善意识的提高，个人捐赠在我国公益事业中占据越来越重要的地位。据《中国慈善发展报告（2018）》可知，虽然企业捐赠仍是我国社会捐赠的最主要力量，但是个人捐赠的比重在逐步提升。在工作单位组织的募捐动员中进行捐赠是我国当前个人普遍的捐赠形式。工作场合中个人捐赠行为是实践中非常重要但学术界一直缺少关注的慈善研究领域。为此，本书第一个研究重点是拟对组织募捐动员中的个人捐赠行为进行全面、深入地探讨。

本书的第二个研究重点是"互联网＋"公益下个人公益持续参与行为。2017 年中国进入公益 3.0 时代，互联网与公益真正融为一体。互联网为公众捐赠提供了广阔的平台，公益慈善正走向大众，人人公益、随手公益成为潮流。"互联网＋"公益使得人们参与公益的方式更加便利，可参与形式更加多样，而且可实现多方共赢。"互联网＋"公益下，人们参与容易，难的是让人们持续参与。国内外目前关于个人互联网公益参与行为的研究不多。为此，本书对个人互联网公益持续参与行为进行研究。

本书运用定性研究中焦点小组访谈、开放式问卷调查以及情境式问卷调查的方法，从组织层面（组织募捐方式、动员事由）和个人层面（集体主义倾向、面子倾向、权力距离、压力感知、组织信任、组织认可）构建了组织募捐动员中个人捐赠行为，包括个人捐赠意愿及个人捐赠数额的影响因素及影响机制的理论模型，研究结果可以为组织动员自己的员工捐赠提供理论支持及策略建议。本书运用问卷调查的方法，对"互联网＋"公益下同伴行为、社交互动、参与便利性等变量对个人持续公益参与行为的影响机制进行了探讨，研究结果可以为互联网公益项目吸引个人持续参与提供管理建议。同时，本书根据现实中成功案例，提出关注捐赠者价值的互联网公益项目设计策略建议。

关于组织募捐动员中个人捐赠行为的研究可以丰富组织行为学中我国员工组织公民行为的相关研究；首次提出募捐动员情境，丰富了有关情境理论的研究；将社会动员理论应用到管理学领域，拓展了动员理论的研究范畴。社交互动的相关研究正方兴未艾，关于"互联网＋"公益中个人持续公益参与行为的研究可以丰富个人互联网公益参与行为的相关研究；丰富捐赠者价值感知的相关研究；丰富社交互动、社会临场感的相关研究；从设计层面、价值观层面分析个人公益持续参与意愿的影响机理，将使研究结果更加丰富。

本书得到国家自然科学基金青年项目"在线公益项目中捐赠者价值的创造机制及其对公众持续捐赠的影响研究"（项目编号：71704049）和湖北省教育厅人文社科青年项目"互联网背景下共享价值对公众捐赠决策的影响机制研究"（项目编号：17Q066）的资助，为项目阶段性研究成果。

目 录
CONTENTS

第 1 章

绪　　论

1.1　选题背景

随着我国公益事业的发展及公民慈善意识的提高，个人捐赠在我国公益事业中占据越来越重要的地位。据《中国慈善发展报告（2018）》中的研究，虽然企业捐赠仍是我国社会捐赠的最主要力量，但是个人捐赠的比重在逐步提升。近年来，互联网与公益慈善日益深度融合，互联网为公众捐赠提供了广阔的平台，公益慈善正走向大众，人人公益、随手公益成为潮流。在学术界，学者关于我国背景下个人捐赠行为的研究并不多，有待补充与丰富。为此，本书对我国个人捐赠行为这一主题进行深入分析与探讨。

本书中，个人捐赠行为不仅仅包括传统意义中的捐款、捐物，也包括捐时间、声音、步数、阅读等互联网公益下涌现的多种形式。本书将分开对这两种个人捐赠行为进行研究与分析。本书主要分析了单位募捐中以捐款、捐物为形式的传统个人捐赠行为，原因有二：一是在工作单位组织的募捐动员中进行捐赠是我国当前个人采取的非常普遍的捐赠形式；二是直接捐赠给非营利组织或募捐者的个人，已在 2012 年笔者与他人合著出版的《中国非营利组织个人捐赠吸引力研究》一书中进行了论述，本书不再进行赘述。本书的第二个研究重点是互联网公益下捐时间、声音、步数、阅读等新型捐赠形式。以下分别对两种个人捐赠行为的选题背景进行详述。

1.1.1 选题背景一

在我国，人们的主动捐赠意识较弱，大部分公众在工作单位或社区组织的募捐活动中完成捐赠。据调查，有 84.0% 的个人通过在单位、学校、社区及村委会等组织的募捐中进行捐赠（俞李莉，2008）。中国科技促进发展研究中心希望工程效益评估课题组（1999）通过对希望工程 10 年的发展数据调查发现，有组织的集资捐款是希望工程捐赠者参与希望工程的主要途径，而这些活动又多在捐款人工作单位中进行（毕向阳等，2010）。我国学者刘能（2004）通过对 4 个城市 338 个普通公众进行调查发现，参加过集中募集的公众占参加过社会捐赠活动的公众的比例达到 77.5%，是日常直接捐赠给非营利组织的公众人数的 14 倍。甚至有学者通过调查认为，我国当前个人慈善捐赠行为的特点可概括为：在单位和居委会组织架构下的被动性自愿参与（何光喜，2002）。可以看出，与国外直接捐赠给非营利组织的形式不同，在工作单位组织的募捐动员中进行捐赠是我国当前个人普遍采取的捐赠渠道。因此，本书主要对以个人捐赠行为为表现形式的个人捐赠行为进行研究。可以说，研究组织募捐动员中个人捐赠行为对我国实践界意义重大。

同时，我们还注意到另外一个现象：近年来，越来越多的企业意识到了承担社会责任对企业发展的重要性。慈善捐赠作为企业承担社会责任的主要方式之一，在美化企业社会形象，提升企业品牌价值等方面发挥了重要的作用。在企业慈善捐赠时，以企业名义的捐赠中，除了企业本身的捐赠，来自其旗下的个人捐赠有时也是一个非常重要的组成部分。在 2008 年的汶川地震中，安利（中国）共捐款 1600 多万元，而来自员工与营销人员的捐款有 1400 多万元，占比超过 25%[①]。宝洁公司在援建希望小学方面做出了杰出的成就，截至 2011 年 6 月，宝洁共捐建 200 所希望小学，其中有 16 所是宝洁与旗下员工共同出资捐建的[②]。丝宝集团长期在企业内部募捐，并设立"爱心助学资金"，截至 2012 年 11 月已累计募捐 657500 元，长期资助 7 所高中 319 名贫困地区学生，为丝宝在社会上赢得了美誉[③]。综上表明，企业动员本组织个人捐赠是企业履行社会责任，发展公益事业行动中不可或缺的一部分，个人在组织募捐动员中的捐赠行为关系到企业社会责任的实现。

基于以上两个现象，笔者开始关注工作组织募捐中的个人捐赠行为研究，也就是个人捐赠行为。查阅文献发现，工作场合中个人捐赠行为是实践中非常重要但学术界一直缺少关注的慈善研究领域（Nesbit et al.，2012；Osili et al.，2011）。关于在工作组织内动员对个人捐赠行为的影响，国外的实证研究不多，主要围绕着社会压力对个人捐赠行为的影响进行了探讨。基廷等（Keating et al.，1981）认为人们之所以愿意在工作场合进行捐赠，很大一部分原因是因为害怕失去工作或者害怕上级不喜欢，而且他们通过实证调查证实了上级是否参与到捐赠活动中以及是否追求"100% 的捐赠率"等社会压力对个人是否捐赠以及捐赠数额的正向影响。弗雷和迈尔（Frey and Meier，2004）指出，在工作场合募捐中提供他人捐赠的信息会使得人们更愿意捐助。卡曼（Carman，2004）发现人们的捐赠行为受组织内同伴捐赠行为的影响，并且在同一个工资范围内以及同性别内这一影响更大。但是，笔者发现国外学者主要针对动员主体是非营利组织的情况进行了探讨，而对于像我国这种以工作单位为动员主体的情况并没有进行分析。

我国学者关于工作组织募捐动员中个人捐赠行为的研究主要出现在社会学领域。毕向阳等（2010）通过比较大众在单位动员中的捐赠行为

---

① 《安利爱心驰援地震灾区人民累计捐款已达 1600 万元》，凤凰资讯，2008 年 5 月 20 日。
② 《宝洁携手希望工程 15 年》，网易财经，2011 年 6 月 13 日。
③ 《丝宝集团：用公益慈善演绎生活之美》，荆楚网，2012 年 11 月 8 日。

与直接捐赠给非营利组织行为的差异，分析了单位动员在大众参与"希望工程"过程中的效力与限度。何光喜（2002）通过调查发现，所在单位（或学校）是否经常开展慈善募捐活动是影响个人做出慈善捐赠决策最大的变量。但可以发现这些研究仅简单分析了工作组织募捐动员中的个人捐赠行为特点，意识到组织募捐动员对个人捐赠行为的影响作用，而没有深入剖析个人在工作组织募捐动员中捐赠行为的影响因素及影响机理。综上所述，国外学者缺乏对以工作组织为动员主体的募捐活动中进行捐赠的个人捐赠行为研究，而国内学者对此捐赠行为的研究还不够深入。

基于上述现象和理论分析，本书拟对组织募捐动员中个人捐赠行为的影响因素及影响机理进行分析。

1.1.2 选题背景二

2015 年，李克强总理在政府工作报告上首次提出"互联网＋"行动计划[①]。2016 年，我国在"十三五"规划纲要中提出，实施"互联网＋"行动计划，要加快推进基于互联网的商业模式、服务模式等各类创新。"互联网＋"颠覆了许多行业的传统模式，公益领域也不例外。2017 年中国进入公益 3.0 时代，互联网与公益真正融为一体。"互联网＋"公益下，公益生态发生了翻天覆地的变化。

首先，"互联网＋"公益推动人人公益时代的到来，让每一个普通公众都可以成为公益中实实在在的一分子。人们参与公益更加便利，可参与形式更加多样。"互联网＋"公益背景下，很多移动公益应用应运而生。有米公益、行善、线头公益、路人甲等移动公益应用，也有依托平台的公益小程序，如支付宝的蚂蚁森林、百度的小度农庄、微博的熊猫守护者等。这些移动公益应用使得人们随时随地仅需通过动动手指就可

---

① 《政府工作报告首提"互联网＋"》，中国网信网，2015 年 7 月 6 日。

以参与的公益，不需要捐款捐物，大大降低了公益参与的门槛，也使得人人公益成为可能。比如，支付宝的蚂蚁森林，用户可以通过多走路、地铁出行、网上缴费等低碳行为，收获能量，当人们收集到一定的能量时，公益组织、环保企业等蚂蚁生态伙伴们就会在现实世界的某一个区域种下一棵树。2019 年，支付宝的蚂蚁森林已高达 5 亿用户，在地球上种植了 1.22 亿棵树，蚂蚁森林也因此荣获了联合国"地球卫士奖"（新华网，2019）。

　　另外，传统公益讲究奉献，不求回报。而很多"互联网＋"公益项目也同时关注捐赠者的利益，实现了多方共赢。比如接连荣获 2015 年"年度公益项目奖""年度十大杰出创益项目""年度最佳公益组织"等多个大奖的"路人甲公益"。它是一个带有答谢机制的公众小额捐赠平台，倡导 10 元小额捐赠，捐款人在捐款后，不仅可定期获得所捐赠项目的进展反馈，还可兑换合作商家的超值优惠券或在线服务。路人甲独创的"惠捐模式"，使得捐款人也可获得价值回报，从而实现了公益、商业、捐款人之间的互惠共赢。自 2015 年 2 月 14 日开始上线，截至 2015 年底，路人甲注册用户近 10 万，App 注册率高达 85％，创造出 23％的中国最高复捐率。通常情况下，互联网公益项目的复捐率只有 2％（人民网，2015）。同样关注捐赠者利益的还有"米公益 App"，在米公益 App 上，用户可以通过运动、和亲朋好友沟通等健康小功能赚取大米，之后，选择自己喜欢的公益项目，用手中的"米"币兑换真实的公益物资捐出。米公益的健康小功能，可以促进用户在帮助他人的同时也养成自身健康的好习惯，维系亲情等，互利共赢，价值共享。

　　互联网公益由于其参与的便利性，低门槛性，以及互利共赢的公益新模式，在个人公益参与方面取得了飞快地发展，但同时也面临着一些问题。据赵娅楠（2015）和沈镕荣等（2017）调查显示，让个人参与互联网公益容易，但参与者普遍缺乏持续的动力，具有偶然性，这对于移动公益应用来说，尤其危险，因为用户持续参与移动公益应用是其得以存在的关键。具其调查显示，有些移动公益应用已经消失。因此，如何让公众持续参与公益，持续参与这些移动公益应用成为它们面临的亟须解决的问题。

互联网公益是新生事物，国内外目前关于个人互联网公益参与行为的研究不多。本书拟对个人互联网公益持续参与行为的影响因素及影响机制进行分析，以期丰富个人互联网公益参与行为相关研究，为互联网公益可持续发展出谋划策，帮助其提升获取和保留公众参与者的能力。

1.2 研究目标及内容

本书的研究主题包括组织募捐动员中个人捐赠行为和"互联网＋"公益下个人持续公益参与行为，本章节按主题分别进行阐述。

1.2.1 组织募捐动员中个人捐赠行为的研究目标及内容

1. 研究目标

本章节围绕着"组织募捐动员中个人捐赠行为"这一主题，首先对个人在组织募捐动员中愿意捐赠的原因及影响因素进行定性分析，以期构建对组织募捐动员中个人捐赠行为的影响因素及影响机制的理论模型框架；了解不同人口统计特征的个人在捐赠数额方面的差异；分析不同动员情境下个人的捐赠意愿及数额差异；探讨个人在组织募捐动员中的捐赠意愿影响机制；探讨个人在组织募捐动员中捐赠数额决策过程。

2. 研究内容

研究内容框架如图 1 - 1 所示，虚框是本章节的研究内容。

（1）个人愿意在工作单位组织的募捐动员中进行捐赠的原因、数额特点及决策心理分析。因为我国目前尚无学者对此进行系统分析，本章节主要采用焦点小组讨论以及开放式问卷调查等定性研究的方法进行初

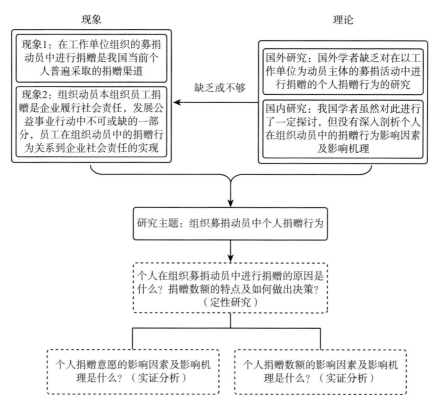

图 1-1　研究内容框架

步了解，为后续定量、深入的研究提供现实材料和依据。

（2）个人捐赠意愿影响因素及影响机理实证分析。采用情境式问卷调查研究的方法对有可能影响组织募捐动员中个人捐赠意愿的两个层面的因素包括组织层面以及个人层面等进行分析，以及探讨这些因素对个人捐赠意愿的影响路径，最后分析动员情境对个人捐赠意愿的影响机理，即是否通过对个人造成压力从而影响其意愿。

（3）个人捐赠数额影响因素及影响机理实证分析。采用情境式问卷调查研究的方法对影响组织募捐动员中个人捐赠数额的人口统计特征、情境因素、动员事由、组织信任及认同集体主义倾向等因素进行分析，探析人口统计特征以及面子倾向在动员情境和个人捐赠数额之间关系中的调节作用，最后剖析动员情境对个人捐赠数额的影响机制，即个人在处于特定动员情境中做出自己的捐赠数额的心理决策过程。

1.2.2 "互联网+"公益下个人持续参与公益行为的研究目标及内容

1. 研究目标

本部分围绕着"互联网+"公益下个人持续参与公益行为这一研究主题，主要研究了个人持续参与公益行为的影响因素及影响机理。在具体研究过程中，本部分选择公益类 App 作为"互联网+"公益的代表，主要研究了个人对公益类 App 的持续参与行为的影响因素及影响机制。本部分主要关注了公益类 App 的参与便利性、同伴行为、捐赠者价值及社交互动等变量的影响作用，以期分析同伴行为、参与便利性对个人持续公益参与行为的影响机制及路径；探讨社交互动对个人持续公益参与行为的影响机制及路径；为"互联网+"公益项目设计提供策略建议。

2. 研究内容

研究内容重点解决了同伴行为与参与便利性对个人持续参与公益行为的影响机制；社交互动对个人持续公益参与行为的影响机制；"互联网+"公益项目设计策略建议等问题。研究内容结构关系如图 1-2 所示。

首先，方便参与是"互联网+"公益强调的特征之一，可以大大提高参与者的体验。其在促使个人持续参与中发挥什么样的积极作用？很多公益类 App 是越多人参与才越有意思，当周围有很多人参与时，能否促使参与者持续参与？因此，本部分分析了参与便利性、同伴行为对个人公益持续参与行为的影响机制。

其次，分析蚂蚁森林和米公益这两个案例成功的原因发现，社交互动即个人参与者之间的互动是个非常重要的因素。但是，在文献中并没有学者对此进行验证，现有学者的研究主要集中在市场营销/电子商务领域以及信息管理领域。为此，本部分分析了社交互动对个人持续参与公

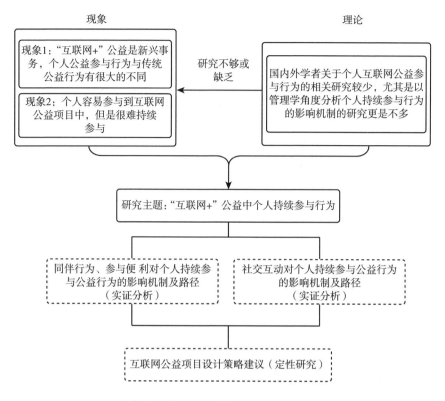

图 1-2　个人互联网公益参与行为的相关研究内容框架

益类 App 的影响机制及影响路径。

最后，根据案例分析及实证研究结论，本部分从捐赠者价值种类、关键要素、公益模式、项目目标等方面为设计"互联网＋"公益项目提供策略建议，以期提升互联网公益项目获取和保留个人捐赠者的能力。

1.3　研究方法

本书主要采取文献研究、焦点小组访谈、开放式问卷调查、情境式问卷调查、案例分析、统计分析的方法对组织募捐动员中的个人捐赠行为及互联网公益个人持续参与行为进行研究。

1. 文献研究法

查阅大量文献是建立本书理论模型的基础，也是本书的理论价值依据。因此，本书查阅了大量国内外相关文献，建立本书的理论模型。

对组织募捐动员中的个人捐赠行为，查阅有关社会动员、组织募捐动员、个人捐赠行为、情境理论、文化价值观倾向等方面的文献，同时跟踪了解组织在动员募捐中的实际情况以及个人的实际捐赠行为特点，基于理论成果和我国的组织募捐动员实际情况，定位本书的立足点与创新点。

对互联网个人公益持续参与行为，查阅个人互联网公益参与行为、同伴行为、捐赠者价值、社交互动等相关的文献，在梳理相关文献及实践情况的基础上，构建理论框架模型，并指导调查问卷的编制和调查对象的选定。

2. 焦点小组访谈

焦点小组访谈是研究者经常采取的一种定性研究方法，可以让参与者对有关的研究问题或概念进行深入讨论，从而较详尽地了解人们对讨论问题的看法。本书主要在研究组织募捐动员中的个人捐赠行为的过程中运用此方法。具体来说，让参与者对人们愿意在组织募捐动员中进行捐赠的原因、捐赠数额特点以及心理决策过程展开深入讨论和分析，讨论结果可以为后续理论模型的建立以及定量调查问卷的设计提供现实材料和依据。

3. 开放式问卷调查

开放式问卷调查是让被试者回答自己真实的情况和想法，此研究方法也主要应用到组织募捐动员中的个人捐赠行为的研究过程中。开放式文件调查结果是对焦点小组访谈结果的补充。通过开放式问卷调查，可以大量了解人们的捐赠原因、捐赠数额特点以及心理决策过程等，调查结果同样可为后续理论模型的建立以及定量调查问卷的设计提供现实材料和依据。

4. 结构性问卷调查

本书的主要实证分析都采取结构性问卷调查，在查阅国内外相关文献和前序研究的基础上，设计问卷进行调查，采用七级李克特量表进行问卷问题的编制。根据研究问题的需要和保证问卷的信效度，在大规模的问卷调查之前，进行了小规模的预调研，根据预调研结果对问卷进行修正和完善，从而形成最终的问卷。

5. 案例研究

在提出互联网公益项目的设计策略建议时，将运用案例研究的方法。对蚂蚁森林、米公益等成功的互联网公益项目进行深入分析，按照项目的设计框架，按各元素包括项目目标、价值种类、关键要素等，总结他们的成功经验，结合实证研究的结果，提出相应的策略建议。

6. 统计分析法

本书主要利用统计软件 SPSS 20.0 和 AMOS 20.0 对调查取得的数据进行分析。运用的统计分析方法包括描述性统计分析、多因素方差分析、多元线性回归分析、层级回归分析、结构方程模型以及验证性因子分析等，从而最终得到有关组织募捐动员中个人捐赠行为的影响因素及影响机理、"互联网＋"公益中个人持续公益参与行为的影响机制及路径的结论。

1.4　研究创新点

1.4.1　组织募捐动员中的个人捐赠行为的研究创新点

本部分的研究创新点主要表现在以下三个方面：

（1）首次对工作组织募捐动员中个人捐赠行为的影响因素及机制进行研究。笔者注意到现实中，个人在组织募捐动员中的捐赠行为对组织履行社会责任的重要性，以及个人在工作组织募捐动员中进行捐赠的普遍性，开始关注组织募捐动员中的个人捐赠行为。文献分析表明，国外学者关于工作组织内动员对个人捐赠行为的影响研究主要针对动员主体是非营利组织的情况，而对像我国这种以工作组织为动员主体的情况缺乏分析；我国学者关于工作组织募捐动员中个人捐赠行为的研究主要出现在社会学领域，他们仅简单分析了工作组织募捐动员中的个人捐赠行为特点，意识到组织募捐动员对个人捐赠行为的影响作用，对影响因素及机理的剖析不够。根据以上现实和理论背景，本书确定了研究选题，这一研究目前在工商管理学领域尚属空白，研究选题具有创新性。

（2）本书将个人捐赠行为拆分为两个维度，包括个人捐赠意愿以及个人捐赠数额，从组织层面以及个人层面对其影响因素及机理进行实证分析，以期全面系统地了解可能会影响个人在组织募捐动员中捐赠行为的因素。通过查阅国内外相关文献，目前尚无学者对这一捐赠行为展开这样全面、系统的研究。因此，本书的研究模型具有创新性。

（3）本书首次提出动员情境这一概念，并且分析了动员情境对个人捐赠行为的影响机制。本书根据情境理论，提出动员情境这一概念，并对其进行定义和测量，这是本书的概念创新。而且，本书还分析了不同动员情境下个人的捐赠意愿及数额等行为存在的差异，对动员情境影响个人捐赠行为的机制进行剖析，构建了动员情境影响个人捐赠行为的路径模型，丰富了有关情境理论的研究。

1.4.2 "互联网＋"公益中个人持续公益参与行为的研究创新点

本部分的研究创新点主要表现在以下三个方面：

（1）互联网公益是新兴事物，国内外现有关个人互联网公益持续参与行为的研究较少，从管理学角度进行的研究更是少之又少。而互联网公益个人参与行为与线下的个人捐赠行为有很大的不同，为此，笔者开始关注"互联网＋"公益中的个人参与行为。对互联网个人参与行为来说，让其参与容易，但难的是持续参与。因此，笔者进一步聚焦个人互联网公益持续参与行为。为了解释其行为特点，本书基于公益类 App，研究了个人互联网公益持续参与行为的影响因素及影响机制。研究结果丰富了个人互联网公益参与行为的相关研究。

（2）本书从同伴效应理论、价值感知视角分析了公益类 App 个人持续参与行为的影响机制，对于个人互联网公益持续参与行为的研究提供了一个有趣的视角以及解释机制。本书同时检验了同伴行为对个人参与公益的价值感知的影响机制，对同伴效应理论也是一个有益的补充。

（3）本书结论丰富了社交互动、社会临场感对个人互联网公益持续参与行为的影响机制及影响路径研究。随着社交网络的兴起，社交互动的相关研究正方兴未艾。同时，引入共同愿景作为调节变量检验了社会临场感与持续参与意愿之间的关系。社会临场感是移动公益应用的设计层面，共同愿景是目标、价值观层面，从两个层面揭示个人持续参与意愿的影响机理，研究结果更加丰富。

第 2 章

个人捐赠行为相关研究述评

2.1 组织募捐动员中个人捐赠行为相关研究

2.1.1 组织动员的概念

威尔逊（Wilson，2000）指出，尽管对公益事业参与的研究与对社会运动参与的研究是各自独立的，但它们之间却有许多共同点。因此，构成社会运动核心问题的动员理论有助于解释公益行为的动员过程（毕向阳等，2010）。那么，本书中的组织动员捐赠可借鉴社会动员理论。

"社会动员"（social mobilization）这一术语最先由美国政治学家卡尔·多伊奇（Karl Deutsch）于 1961 年提出，他用"社会动员"来描述现代化过程中人们思想方式和行为方式的转变，他认为社会动员是一个人们所具有的绝大多数旧的社会、经济以及心理义务受到侵蚀而崩溃的过程，人们从中获得新的社会和行为模式。多伊奇（Deutsch，1961）进一步指出社会动员主要涉及三个领域的动员：物质材料的动员（运输、通信、资本等），人力的动员（内外部移民准则、城市化的过程、出生率控制等）以及社会规范和价值观的动员（社会阶层身份的新标志，国家和国际的标志等）。

继多伊奇之后，西方学者开始陆续从社会动员的角度研究发展中国家的现代化过程。美国历史学家布莱克（Black，1966）将社会动员定义为"一个国家中大批人口的现代化过程"。美国政治学家亨廷顿（Huntington，1989）注意到了社会动员与政治参与之间的关系，认为"社会和经济的变化，使政治意识扩展，政治要求剧增，从而促使政治参与扩大"。

把社会动员看作是一个现代化过程，是西方学者采用的一种较为广义的观点。而另一种狭义的观点认为社会动员是对社会中资源、人力及精神的动员（杨龙，2004）。我国学者在研究社会动员时则主要采取后一种相对狭义的观点。

在现代汉语词典中"动员"有两个意思：一是把国家的武装力量由和平状态转入战时状态，以及把所有的经济部门（工业、农业、运输业等）转入供应战争需要的工作；二是发动人参加某项活动。而社会动员，在我国被大多数学者所认同的定义是指为了实现特定目的，通过各种形式的宣传发动组织工作，以促使特定对象形成或改变一定的价值观念、态度与期望，从而产生持续性的参与行为或其他预期行为的过程（刘威，2010）。徐家良（2004）从社会动员的作用方面提出社会动员是社会组织凭借着自治自律的特点，配合行政动员、政治动员，处理一些行政动员、政治动员所无法处理的一些事务，从而达到事务处置的最佳状态的一种动员方式。

借鉴社会动员的概念，洪天云（2012）定义组织动员为：某一组织或个人为实现某种特定目标，运用法律、行政、经济、思想等手段，引导某一群体参与经济社会发展行为的过程。结合本书背景和目的，本书定义组织募捐动员为：工作组织为某一公益事由募捐，运用各种方法，引导本组织员工参与捐赠行为的过程。

2.1.2　组织动员中的个人捐赠行为

组织动员中的个人捐赠行为也就是员工捐赠行为。工作组织中员工捐赠行为是实践中非常重要但学术界一直缺少关注的慈善研究领域（Nesbit et al.，2012；Osili et al.，2011）。

关于组织内动员对员工捐赠行为的影响作用，国外的实证研究不多。国外学者从社会理论和社会压力等方面探讨了人们愿意在组织动员中进行捐赠的原因。隆（Long，1976）研究指出，在工作组织进行的劝募比其他场合更有效。对于人们为什么愿意在组织动员中进行捐助，国外学者弗雷和迈尔（Frey and Meier，2004）指出，当他人捐赠时人们也更愿意捐助，当组织在动员捐赠时提供其他人捐赠的信息时，组织会获得更高的捐助率。有学者研究了工作组织中的社会压力对员工捐赠决策的影响。比如基廷等（Keating et al.，1981）研究了联合之路劝募协会(United Way)利用工作场合进行劝募的策略，指出人们之所以愿意在工作场合进行捐赠，很大一部分原因是因为害怕失去工作或者害怕上级不喜欢他，并通过实证调查证实了上级是否参与到捐赠活动中以及是否追求"100%的捐赠率"等社会压力对人们是否捐赠以及捐赠数额的正向影响。卡门（Carman，2004）发现人们的捐赠行为受组织内同伴捐赠行为的影响，并且在同一个工资范围内以及同性别内，这一影响更大。

我国有学者对员工所在的组织动员中的员工捐赠行为进行了分析。孙立平等（1999）在对希望工程的大众动员和参与的研究中，指出在"准组织化动员"方式下，社会公众的参与度很高。不过他们的研究对象主要是国有企业的员工，而缺乏对私企和外企员工以及个体户的研究。由于属于定性研究，这一研究结论仅表明他们对社会公众参与希望工程的一种理解，并不能作为一种普遍化的解释。以中国科技促进发展研究中心 2001 年对深圳、北京、成都、上海等地方居民的公益行为和公益意识的调查数据为基础，何光喜（2002）对影响个体慈善捐助行为的因素进行了量化分析。他的这一研究弥补了上述定性研究的不足。他发现，工作单位是否经常开展慈善募捐活动等变量显著影响员工的慈善捐助行为，而员工的人口统计学特征包括经济状况对员工是否进行捐助没有影响。因此，他用"被动的自愿"来形容我国城市居民基于组织动员下的慈善捐助行为特点。毕向阳等（2010）基于"希望工程 20 周年品牌影响力评估"调查数据为基础，指出是否属于单位动员会显著影响员工的捐助次数，但不影响员工的捐款数额，具体而言，在单位动员时，动员因素是主要影响因素，员工捐助行为呈现捐助次数多，单位捐款数额低等特征；在非单位动员时，个体因素特别是收入水平是主要影响因素，员工捐助行为主要呈现在捐助次数少、单位捐款数额高等特征。对于为什么人们愿意在组织动员中进行捐助，孙立平等（1999）指出，在组织动员时，人们往往基于压力而不得不捐，有时组织还采取强制的手段。我国尚无其他学者对这方面开展讨论。

综上所述，国外学者对组织内动员对员工捐赠行为的影响分析主要针对动员主体是非营利组织的情况，而对于像我国这种以工作单位为动员主体的情况并没有进行研究。我国学者关于工作组织动员中员工捐赠行为的研究主要出现在社会学领域，他们仅简单分析了工作组织动员中的员工捐赠行为特点，意识到组织动员对员工捐赠行为的影响作用（毕向阳等，2010），而没有深入剖析员工在工作组织动员中的捐赠行为的影响因素及影响机理。

2.2 "互联网 +"公益下个人公益参与行为相关研究

个人互联网公益参与行为，指的是基于互联网背景个人为实现公益目标所做的公益参与行为，不仅包括捐款、捐物及志愿服务等公益行为，也包括捐步、关注或转发公益信息、报名公益活动等行为（钱玲等，2019；张书婷，2017）。本书中个人持续参与移动公益应用属于个人互联网公益参与行为的研究范畴。

目前国内关于个人互联网公益参与行为的研究正处于起步阶段，公开发表的研究成果较少，且大多以描述性研究为主。现有研究涉及社会学、教育学、传播学及管理学等领域，主要围绕三个方面展开，包括公益参与特征、公益参与动机以及影响因素。在公益参与特征方面，沈镕荣等（2017）通过问卷调查，提出大学生互联网公益参与特征包括参与度高但缺乏主动意识、选择公益类型全面、参与程度低于传统公益、参与形式局限及缺乏持续动力等方面。赵娅楠（2015）分析了社会化媒体平台上个人公益参与特征，包括参与渠道更加便捷；更有助于追踪救助效果；小额捐款有利于培养公民捐赠习惯；免费捐赠降低参与门槛。张伟莉和杨化（2016）通过问卷调查发现，大学生参加微公益的活动累计次数偏低，缺乏深入持续参与。在参与动机方面，大部分学者没有提出公众参与互联网公益与传统公益的动机差异。王丽（2014）提出公众公益行为的动机分为责任和义务动机、利己动机、利他动机及多重动机，并独特性地提出存在焦虑所产生的内驱力是公众参与微公益的动机。张书婷（2017）提出情感信任、自我实现、利他动机、趣味性是公众参与互联网公益的动机。在影响因素方面，刘晨光（2017）运用技术接受模型理论和马斯洛需求理论论证了感知易用性、感知可信度、传播内容感染力、满意度对青年白领参与微信公益活动有正向影响作用。钱玲（2019）指出微公益特征包括微公益事项特征属性、社交媒体策略及可参与性影响个人微公益参与行为。她将个人微公益参与行为分为浏览行为和贡献行为。张书婷（2017）提出移动互联网公益服务特征包括开放性、互动性、复合性、可靠性、有效性及生动性，通过不同的心理因素影响公众参与，这些心理因素包括信任构建、情感激发及自我收益。

国外的相关研究也不多，但相对于比较具体和细化。史密斯等（Smith et al.，2015）和卡斯迪罗等（Castillo et al.，2014）研究了同伴效应、社会信息对个人互联网公益参与的影响，认为同伴捐赠信息可以激励个人捐赠。雷哈尼和史密斯（Raihani and Smith，2015）进一步发现，网上募捐存在竞争性帮助，即当网上募捐者为有吸引力的女性时，男性倾向于比另外的男性捐赠的更多，而女性捐赠者则不存在这种情况。胡珀和斯托伯特（Hooper and Stobert，2003）、班尼特（Bennett，2010）

提出慈善信息网站设计因素会影响个人捐赠行为，相对于仅提供信息的网站，富有情感的网站设计更能促使人们进行冲动性捐赠。劳里安等（Laureano et al.，2018）发现个人对非营利组织在脸书（facebook）网页上的满意度影响其口碑推荐行为及捐赠行为。杜等（Du et al.，2014）基于动机—机会—能力理论，对利他动机、共同愿景及易参与性感知对个人微公益参与行为的影响机制进行了探讨。

总的来说，与实践中蓬勃发展的互联网公益相比，学术界的相关研究仍较少，尤其是以管理学角度分析个人持续参与行为的影响机制的研究更是不多。因此，本书研究"互联网＋"公益下同伴行为社交互动对个人持续参与行为的影响机制，可丰富个人互联网公益参与行为相关研究，拓展管理学理论在互联网公益管理中的应用。

2.3　个人非营利组织捐赠行为相关研究

这里主要对个人直接捐赠给非营利组织的捐赠行为影响因素的相关研究进行述评。与在组织动员中进行捐赠相比，直接捐赠给非营利组织的行为受到国内外学者的关注。

2.3.1　人口统计变量

人口统计学特征对个人捐赠行为的影响首先受到学者的重视，不同的学者得到的结论可能不同。我国学者侯俊东和杜兰英（2011）较详细地总结了国外学者关于人口统计变量对个人捐赠行为的影响，而没有对我国的相关研究进行总结。对我国学者的文献进行查阅发现，研究人口统计变量与捐赠行为关系的文献，主要是分析了人口统计变量与个人捐款额度或频率的关系。为此，表 2－1 主要总结了人口统计变量与我国个人捐款行为的关系。

表 2-1   人口统计变量与个人捐款行为的关系

变量	结论	代表学者
性别	相关	张进美等，2013（辽宁）；张网成，2011（北京、杭州、哈尔滨、昆明等城市）；黄镇云，2007（福建）
	不相关	邓玮，2013（杭州、厦门、广州）
年龄	正相关	罗公利等，2009（山东）；张进美等，2013（辽宁）；张网成，2011（北京、杭州、哈尔滨、昆明）；黄镇云，2007（福建）
	不相关	邓玮，2013（杭州、厦门、广州）；刘能，2004（大连、上海、杭州、北京）
年收入	正相关	邓玮，2013（杭州、厦门、广州）；罗公利等，2009（山东）；刘武等，2010（辽宁）；张进美等，2013（辽宁）；刘凤芹和卢玮静，2013（27个城市）；刘艳明，2008（长沙）；刘能，2004（大连、上海、杭州、北京）；张网成，2011（北京、杭州、哈尔滨、昆明等城市）
教育水平	正相关	刘武等，2010（辽宁）；张进美等，2013（辽宁）；刘凤芹和卢玮静，2013（27个城市）；刘艳明，2008（长沙）；刘能，2004（大连、上海、杭州、北京）；张网成，2011（北京、杭州、哈尔滨、昆明等）；黄镇云，2007（福建）；罗公利等，2009（山东）
	不相关	邓玮，2013（杭州、厦门、广州）
职业	相关	刘凤芹和卢玮静，2013（27个城市）
职位	正相关	邓玮，2013（杭州、厦门、广州）；张进美等，2013（辽宁）
宗教信仰	相关	邓玮，2013（杭州、厦门、广州）
	不相关	刘能，2004（大连、上海、杭州、北京）
婚姻状况	相关	张进美等，2013（辽宁）
	不相关	邓玮，2013（杭州、厦门、广州）

注：括号中的是调查样本所在地。

可以发现，各个学者关于人口统计变量与个人捐款行为的关系得到的结论并不一致，这可能是由样本量的多少、所在地或捐款行为测量的不一致导致的，但仅从人口统计学的角度分析个人捐赠者捐赠行为的影响因素显然是不够的。

2.3.2 非营利组织因素

随着个人捐赠者变得更具有识别力，作为对外界刺激物的一种反应，非营利组织如何被感知以及这些感知因素是否影响后续的捐赠行为得到了国内外学者的关注（Sargeant et al.，2004）。通过对学术界相关研究成果进行梳理，笔者发现学者们主要从品牌资产、组织绩效、组织互动以及公益事项特性等四个方面基于感知视角分析了非营利组织的特性对个人捐赠行为的影响。

1. 品牌资产

随着企业和政府对非营利组织提供的资金资源越来越少，非营利组织开始面临自己主动寻求个人捐赠资源的状况。一些学者开始尝试把企业组织的品牌策略运用于非营利领域。运用商业组织的经验，萨克斯顿（Saxton，1995）为非营利组织建立强大的品牌提供了途径和方法，他认为非营利组织的品牌来自其强大的信念和价值观。同样，菲利斯（Fillis，2003）也把企业组织树立形象、名声和个性的方法应用于非营利组织和小工艺美术组织中。凯勒（Keller，2000）构建了基于顾客的品牌资产模型，他从以下三个方面：品牌形象、品牌个性及品牌意识探讨了品牌资产对个人捐赠行为的影响。

（1）品牌形象。

品牌形象即捐赠者对非营利组织品牌的总体感知和态度。班尼特（Bennett，2003）研究认为非营利组织品牌形象对个人捐赠行为有显著的影响，人们更愿意向具有较好形象和名声的非营利组织捐赠，具有积极形象的非营利组织更易得到人们的信任。在对英国慈善组织采取的计划捐赠产品的战略研究实证调查中，班尼特（Bennett，2004）进一步研究发现非营利组织的名声、形象等品牌资产是非营利组织最后成功的重要自变量之一。而且，非营利组织的形象和名声将影响捐赠者的二次捐赠。科塔什（Kottasz，2004）通过对不同性别和职业的人们的捐赠行为进行比较发现，人们更愿意选择享有盛誉的非营利组织进行捐赠。由此可以看出，那些具有良好声誉的、强有力的品牌形象的非营利组织在竞争中更有利。

（2）品牌个性。

品牌个性即捐赠者赋予非营利组织区别于其他组织的一组人格特征（Aaker，1997）。个人捐赠者可根据非营利组织的品牌个性来识别非营利组织（Venable et al.，2003）。维纳布尔等（Venable et al.，2003）运用一系列方法验证了品牌个性在非营利组织中的作用，他们发现品牌个性可以提高非营利组织的形象。而韦勃等（Webb et al.，2000）认为具有品牌个性的非营利组织更容易得到人们的信任，因此非营利组织应通过品牌个性向人们传达其值得信任的观念。一般而言，那些历史悠久的、拥有独特背景的非营利组织更能得到捐赠者的青睐（侯俊东，2009）。

（3）品牌意识。

品牌意识即捐赠者从回忆中回想或识别有关非营利组织品牌的能力（Rossiter and Percy，1987）。长期接触非营利组织的品牌，自己直接的捐赠经验，以及他人的间接经验分享，都有助于捐赠者形成对非营利组织的品牌认识（侯俊东，2009）。巴塔查里亚等（Bhattacharya et al.，1995）认为帮助捐赠者识别该非营利组织应作为非营利组织品牌营销活动的目的。

2. 组织绩效

许多学者在研究非营利组织绩效对个人捐赠行为的影响时，一般指的是非营利组织真正用于慈善的费用（charitable expenditure）与所有捐赠款的比率（以下简称"慈善费用比率"）。笔者认为个人捐赠者对非营利组织的绩效感知不仅仅包括慈善费用的比率，它的内涵应广泛得多。研究个人捐赠者对于非营利组织的绩效感知可以借鉴学者们对于非营利组织绩效评估的研究。马丁和凯特纳（Martin and Kettner，1996）提出了以效率、质量与效果三个方面为基础的系统模型评估非营利组织绩效。通过将成熟的营利组织的绩效评估方法应用于非营利组织，波伊斯特（2005）提出非营利组织的绩效评价指标包括效率指标、服务质量指标、成本—效益指标和客户满意度指标等。以上述两个理论为基础，笔者认为个人捐赠者对非营利组织绩效的感知应包括以下两方面：对非营利组织效率及专业化的感知。以下从两个方面对有关文献进行述评。

（1）效率。

非营利组织的效率即非营利组织真正用于慈善的费用与所有捐赠款的比率，即慈善费用比率。它是个人捐赠者在选择特定非营利组织进行捐赠时考虑的一个非常重要的因素。个人捐赠者对捐赠款的大多比例应用于管理成本和募捐费用有自己的看法。沃里克（Warwick，1994）发现捐赠者最期望管理/募捐费用与真正用于慈善的费用的比率是20：80。尽管有这个期望，但是大多数捐赠者相信这一比率是50：50。60%是一个门槛，具有这一比率的非营利组织组织更易得到较多的捐赠。奥斯本（Osborne，2001）认为个人捐赠者应支持非营利组织在管理上的成本，同时非营利组织应积极就管理成本与捐赠人进行沟通，取得捐赠者的信任和认可。萨金特和卡勒（Sargeant and Kahler，1999）认为许多非营利组织可以在募捐投资上取得较高的回报率，而且在大部分情况下，预期回报率高于公众预期。

（2）专业化。

非营利组织的专业化指的是非营利组织开展公益活动的技能和本领。组织的专业化同样影响个人捐赠者向非营利组织捐赠。萨金特（Sargeant，2001）调查发现，人们支持非营利组织的原因中专业化排在第二位，他们认为专业化的组织具有好的管理、员工更值得信任、接近捐赠者的方式更专业等，因此更倾向于向其捐赠。但是他通过实证研究也发现，非营利组织的专业化会反向影响个人捐赠效率和效果，因为捐赠者不喜欢非营利组织具有像商业组织一样的专业化管理风格（Sargeant et al.，2004）。

3. 服务质量

优异的服务质量可以保持顾客关系的长久性和价值性（Sargent et al.，2001）。非营利组织提供的服务质量会影响捐赠者的满意度，而那些

"非常满意"的顾客是那些"满意"的顾客重新购买的 6 倍（Jones and Sasser，1995）。沙比尔和特威特斯（Shabbir and Thwaites，2007）发现优异的服务质量可以促进捐赠者二次捐赠，实现捐赠者对组织的忠诚。因此，非营利组织的服务质量对捐赠者的忠诚度和持续捐赠至关重要。萨金特和希尔顿（Sargeant and Hilton，2005）认为捐赠者对服务质量的感知通过影响其对非营利组织的信任和承诺而积极影响个人捐赠行为。在非营利组织提供的服务中，国外学者认为个人捐赠者主要关注非营利组织的沟通和对他们需求的响应（Morrison，1998；Sargent et al.，2006）。

（1）组织响应。

组织响应指的是为非营利组织对个人捐赠者需求的响应速度，回答问题的能力及员工是否礼貌等。个人捐赠者更倾向于向那些对他们的需求迅速响应的非营利组织捐赠，尤其是高价值捐赠者更加重视非营利组织对他们需求的响应速度（Sargent et al.，2006）。对组织响应这一因素重视的个人捐赠者对非营利组织的回报有强烈的要求，他们期望他们的捐赠得到适当的承认，期望当他们同非营利组织联系时，非营利组织的员工是礼貌的，并有能力回答他们的问题，而且期望得到及时的个人关怀（Sargent and Hilton，2005）。

（2）沟通质量。

组织沟通指的是非营利组织主动与个人捐赠者进行的沟通的及时性、内容的准确性、沟通方式的专业性等。弗莱尔米奇等（Schlegelmilch et al.，1992）探讨了非营利组织的沟通质量在慈善募捐呼吁中的作用，发现通过最优化沟通，组织可以实现最大化捐赠。对于个人捐赠者来说，他们希望非营利组织能主动与他们沟通，告知他们的捐款如何使用以及组织目前所面临的挑战，并期望这个沟通过程是愉悦的，遗产捐赠者尤其关心他们得到的沟通质量，许多人说这个同他们的遗嘱相关（Sargent and Hilton，2005）。不恰当的沟通会导致捐赠者流失（Sargent，2002），因此非营利组织可通过多种方式与捐赠者沟通，比如邀请他们参加一些活动，使其参与到解决非营利组织的事务上来，让他们感觉到与组织之间的紧密联系。遗产捐赠者希望非营利组织的沟通是主动的、及时的，沟通方式是礼貌的（Sargent and Hilton，2005）。亚历山大（Alexander，2006）通过实证研究证实了非营利组织沟通方式、礼貌性、便利性等在沟通过程中的重要性。非营利组织提供的信息质量和项目材料的陈述对捐赠者的捐赠决策也是非常重要的（Sargent et al.，2006）。

4. 公益事项属性

非营利组织的公益事项（cause）在企业营销战略研究中得到重视。非营利组织公益事项拥有的特性会影响消费者对配对产品的购买意愿，当消费者发现产品与某一个特定的公益事项相连时，更愿意花钱购买（Nestoras，2009）。因此，企业营销战略开始考虑捐赠的公益事项对其实现销售增长或提升企业形象等营销目标的重要作用（Dinitto，1989）。善因营销（cause-related marketing）作为一种基于利润动机的企业捐赠方式，因其可以被用来实现更加广泛的企业和营销目标以及被描述为企业、NPOs 和顾客"三赢"的结局，而在近二十年得到了蓬勃发展。兰德雷思（Landreth，2002）实证分析了公益事业重要性、可接近性、一致性及参与努力对消费者对善因营销评价的影响。

上述研究分析了善因营销中消费者对公益事项属性的感知对其捐赠决策的影响。在个人直接捐赠给非营利组织时，我国学者侯俊东（2009）从公益事项的重要性、可接近性、可参与性以及与个人捐赠者价值观一致性四个方面分析了非营利组织的公益事项特性对个人捐赠者的影响。

（1）重要性。

公益事项重要性即个人感知公益事项的重要性程度。克鲁格曼（Krugman，1965）指出人们支持某项公益事项可能缘于社会规范或以往经历。兰德雷思（Landreth，2002）认为非营利组织的公益事项重要性水平会影响人们对非营利组织的关注及捐赠机会。因此，公益事项重要程度越高，个人参与捐赠的动机和兴趣就越强。一般而言，那些在社会上影响较大，或对社会发展很有帮助的公益事项，个人捐赠者对其重要性感知都较高。

（2）可接近性。

公益事项可接近性指个人捐赠者感知公益事项与自身生活的相关性程度，比如是否是经常接触的、在地域上是否容易接近、覆盖范围是否广泛、是否服务于自己所关心的地区等。通常个人捐赠者都会极其关注那些对自身生活有直接影响的公益事项（侯俊东，2009）。

（3）可参与性。

公益事项可参与性即个人感知公益事项的可参与程度。艾伦等（Ellen et al. , 2000）研究发现，捐赠者更愿意支持公益事项参与性较高的非营利组织，因为捐赠者在参与过程中会感到某种成就感与满足感。萨金特和伍德莱夫（Sargeant and Woodliffe, 2007）也指出，个人对非营利组织的信任受其公益事项可参与性的影响。因此，为了使捐赠者形成积极的感知，非营利组织应提供给捐赠者各种各样努力参与的机会。

（4）与个人捐赠者价值观一致性。

公益事项与个人捐赠者价值观一致性指公益事项需求及其要素与个人捐赠者信念及价值观间的关联。班尼特（Bennett, 2003）指出，捐赠者选择非营利组织的类型与其具有的价值观相关，他们更愿意选择那些与自己价值观一致的非营利组织。萨金特和伍德莱夫（Sargeant and Woodliffe, 2007）得出同样的结论，与非营利组织有共同价值观的个人捐赠者更倾向于做出捐赠承诺。萨金特（Sargeant, 2001）通过调查也认为，那些与捐赠者家庭联系紧密的非营利组织更易受到捐赠者的青睐。

综上所述，国内外有关影响个人捐赠行为的非营利组织特性的研究得到了理论界的关注，但同时也可以看出这一领域的研究尚未形成系统的理论体系。现有文献探讨影响个人捐赠行为的非营利组织因素可归结如图2-1所示。

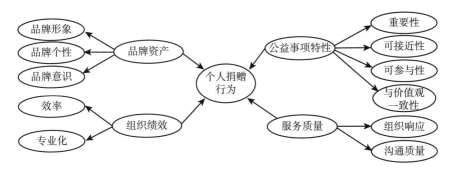

图 2 - 1　影响个人捐赠行为的非营利组织因素

2.3.3　个人捐赠动机

了解了什么特征的人更容易捐赠以及非营利组织的哪些因素会影响捐赠者之后，个人捐赠者的动机作为驱动捐赠行为的内在因素也得到了国内外学者的关注。对个人捐赠动机总结比较到位的是贝克尔斯和威普金（Bekkers and Wiepking）于 2011 年发表的一篇综述类文章，他们通过对国外自 20 世纪 70 年代以来的 500 多篇有关慈善捐赠的实证文章进行分析，总结了八种个人捐赠动机以及动机的发生机制，如表 2 - 2 所示。

表 2 - 2　　贝克尔斯和威普金（Bekkers and Wiepking）总结的捐赠动机

动机	需要什么（what）	发生在哪里（where）	参与者是谁（who）	
	有形物或无形物	人们中间，之间还是外部	发起者	目标
需求意识（awareness of need）	二者都有	三者都有	受益人和组织	捐赠者
应付捐赠请求（solicitation）	二者都有	之间	受益人和组织	捐赠者
成本/效益（costs/benefits）	有形物	外部	组织	捐赠者
利他主义（altruism）	有形物	外部	捐赠者和组织	受益人
声誉（reputation）	无形物	之间	之间	捐赠者
心理成本和利益（psychological costs and benefits）	无形物	中间	捐赠者	捐赠者
价值观（values）	无形物	中间	捐赠者	捐赠者和受益人
效力（efficacy）	无形物	中间	组织	捐赠者

萨金特和伍德莱夫（Sargeant and Woodliffe，2007）关注个人选择某一慈善组织进行捐赠的原因，他们认为个人捐赠动机包括自尊/自身利益（self esteem/self interest）、利他主义（altruism）、愧疚（guilt）、遗憾（pity）、社会/分配公平（social/distributive justice）、移情/同情（empathy/sympathy）、税收（tax）以及声望及有影响（prestige and making a difference）等动机。

一些学者对个人捐赠者捐赠的原因进行了总结，认为人们是为了获得某种效用才进行捐赠。假如个人向某一非营利组织捐赠，可以提高个人捐赠者的某种感知利益，这无疑会使他们选择向该组织捐赠，班尼特（Bennett，2007）甚至在模仿情境下研究了奖金激励（premium incentive）对促进个人捐赠行为的积极作用。一般而言，非营利组织具有提升捐赠者声誉、名声等效用（Bereczkei et al.，2007）。对于一些希望获得某些形式的个人回报的捐赠者来说，是否能从捐赠中获益是他们选择非营利组织进行捐赠的依据（Beatty et al.，1991），而那些能提高他们知名度或名望的非营利组织更能得到他们的青睐。另外，有些捐赠者给非营利组织提供捐赠，不是由于他们从中可能获得的任何有形利益，而是缘于他们唤起的情感（Bendapudi et al.，1996；Andreoni and Petrie，2004），比如受某非营利组织的品牌刺激而产生的情感变化。个人捐赠者也可能为了寄托对亲人的哀思，或者为了帮助朋友或所爱的人而选择向特定的非营利组织捐赠（Kotler and Clarke，1987）。萨金特（Sargeant，2001）调查发现人们支持非营利组织的原因包括"为了让我认识的人受益，纪念我深爱的人"等。

因此，萨金特等（Sargeant et al.，2006）将个人向非营利组织的捐赠效用分为以下三种：显性（demonstrable）、情绪性（emotional）及家庭性（familial）效用。显性效用通常是显而易见的，如为了提高知名度、名声或名誉等（Stroebe and Frey，1982）。情绪性效用是捐赠者通过捐赠行为所唤起的情绪变化而产生（Bendapudi et al.，1996），如产生心理安慰、归属感或减轻内疚感、弥补以前的过错等。家庭性效用是捐赠者为了使自己的亲人或朋友在发生意外时可以得到帮助，或者出于对已故亲人的思念而以其名义来进行捐赠（Kotler and Clarke，1987），如因某些疾病接受捐赠的个人也会在未来愿意帮助患有同样疾病的人。

我国学者杜兰英等（2012）采用实证的方法验证了萨金特等（Sargeant et al.，2006）提出的捐赠效用维度在我国的适用性，并且发现：捐赠效用感知负向影响个人捐赠意愿，其中显性效用负向显著影响个人捐赠意愿，情绪性效用和家庭性效用对个人捐赠意愿没有影响。陈天翔和姚明（2012）认为社会效用、显性效用和情感效用是个人给非营利组织捐赠的动机，他们基于广州市的实证调查研究发现，社会效用和情感效用与个人捐赠行为之间呈正向相关，而显性效用与捐赠次数、捐赠额度之间没有显著的相关关系，他们解释可能是因为我国在捐赠税收方面的优惠政策力度不够，影响了人们的积极性。

综上所述，关于人们捐赠动机的研究已相对成熟，而对于动机到捐赠行为之间的驱动机制研究较少，特别是实证研究较少。

2.3.4　与组织募捐动员中个人捐赠行为比较

那么，非营利组织个人捐赠行为与组织动员中个人捐赠行为存在什么差异呢？我国有学者对二者进行了比较。毕向阳等（2010）以"希望工程20周年品牌影响力评估"调查数据的分析为基础发现，在单位动员时，动员因素是主要影响因素，个人捐助行为呈现捐助次数多，单位捐款数额低等特征；在非单位动员时，个体因素特别是收入水平是主要影响因素，个人捐助行为主要呈现捐助次数少，单位捐款数额高等特征。邓玮（2013）通过对杭州、厦门、广州等3个城市、9个社区的418位居民进行入户调查发现，在组织中个人的捐赠额度要高于个人的直接捐赠。二者的研究结论存在不一致的地方，通过比较发现，毕向阳等（2010）比较的是单次捐赠额度，而邓玮则以上年度合计捐赠数额为因变量，即相比对直接捐赠，人们更多地在单位组织中捐赠，这符合我国国情。在捐赠意愿方面，何光喜（2002）用"被动的自愿"这一概念来描述我国个人在组织动员下的捐助行为，指出了单位动员下个体捐助行为在捐助意愿与非营利组织个人捐赠行为的差异。

　　我国学者对比了二者在捐款额度、捐赠意愿、捐赠频率等方面的差异，但对于为什么存在这种差异，背后的原因是什么？尚缺乏探讨。

第 3 章

组织募捐动员中个人捐赠行为的
研究假设与研究设计

3.1 预研究

3.1.1 焦点小组访谈

焦点小组（focus group）访谈是源于精神病医生的群体疗法的基本原则，一般邀请7~12人参与，在一名研究者的主持和引导下，对有关的研究问题或概念进行深入讨论。它最大的优点是利用群体的互动作用刺激相关人群的反应，这种相互作用会比同样数量的人做单独陈述时产生更多的信息。这一方法的关键是使参与者对讨论主题进行充分和详尽的讨论，以便了解他们对讨论问题的看法（欧阳卓飞，2006）。本书中焦点小组的讨论主题是单位动员中人们的捐赠行为特点及心理过程，此次调研的过程和结果如下。

1. 确定访谈流程和提纲

确定访谈流程和提纲这一环节是整个访谈准备过程最为重要的环节，

本书的焦点小组访谈流程和提纲见附录3。它主要包括整个访谈的流程设计、研究背景的介绍、讨论问题的确定等。在确定讨论问题时，笔者不只局限于了解单位动员中人们的捐赠意愿和行为特征，还囊括了这种募捐方式的优缺点这一问题。因为作为初次深入研究这种募捐方式中人们的捐赠行为特点的课题，对这种募捐方式进行了解也是非常有必要的，而且也有利于参与者展开讨论。

2. 征集参与者

在选择参与者时，考虑到在校大学生和研究生大部分也有过在学校动员中捐赠的经历，并且他们可能会在理论上提供一些解释和想法，因此笔者把他们作为一次焦点小组访谈的参与者。企业员工作为本书的实际研究对象，是另一次焦点小组访谈的邀请对象。在选择在校学生时，考虑到以下几点：有过在学校募捐中捐赠的经历，在学历上以研究生为主，研究方向以管理学为主，不了解笔者的研究项目，以免产生先入为主的想法。在选择企业员工时，主要在一个在职MBA班进行了挑选，需满足以下条件：有过在企业动员募捐中捐赠的经历，来自不同性质的企业，互相之间比较熟悉，有利于展开讨论，不了解笔者的研究项目。两次焦点小组访谈的成员都分别由8人组成（4男4女）。他们的其他信息如表3-1和表3-2所示。

表3-1　　　　　　　　在校学生访谈参与者信息

变量		人数
年龄	20~25岁	2
	25~30岁	3
	30~40岁	3
学历	本科生	2
	硕士生	2
	博士生	4

表 3 - 2　　　　　　　　　　　企业员工访谈参与者信息

变量		人数	变量		人数
年龄	25～30 岁	3	职位	普通管理者	4
	30～40 岁	5		员工	4
单位性质	国有企业	3	工作年限	1～3 年	1
	外资企业	2		3～5 年	4
	民营企业	3		5～8 年	3

从表 3 - 1 和表 3 - 2 可以看出，访谈参与者基本满足了预期的条件，为此次焦点小组访谈的展开提供了较好的样本。

3. 小组访谈过程的控制

焦点小组访谈的地点选在一个较小的会议室，相对安静，保证了访谈的顺利进行。两次访谈都由笔者主持，一名学生帮忙记录，每次访谈大概持续一小时左右。

4. 小组访谈实施

按照附录 1 所示的访谈流程进行，首先感谢参与者的参与，向他们解释访谈的目的以及研究背景等，在参与者了解后，开始对人们在单位动员中愿意捐赠的原因，捐赠数额的特征，这种间接捐赠行为与直接捐赠行为的差异方面以及这种募捐方式的优缺点等问题依次进行讨论。在讨论的过程中，主持人要尽量营造一个轻松、愉快的友好氛围，并一步一步引导参与者对研究问题展开深入讨论。整个讨论过程全程录音，以便资料保存和方便后续查阅。

5. 焦点小组访谈结果

讨论完成后，笔者对两次访谈的记录和录音进行了总结和整理。围绕着这几个讨论问题，对参与者的陈述进行了提炼，总结的陈述词如表 3 - 3 所示。

表 3-3　　　　　　　　　　　焦点小组访谈结果

问题描述	提炼的陈述词
人们愿意在单位动员中捐赠的原因	渠道便利性，不清楚其他捐赠渠道，爱心，社会责任感，社会压力，强制，募捐方式（比如公开捐赠数额），榜样的力量，集体荣誉感，信任单位，不信任其他非营利组织，表现欲，习惯，提升自己的形象，得到单位的认可，集体效应
捐赠数额的特点及决策心理	小额捐赠，从众，面子，参照领导及同事的捐赠数额，单位规定最低数额，个体特征，企业性质
与直接捐赠行为的差异方面	捐赠数额，捐赠动机，主动性强度，持续性，捐赠效果期望，关注度，对组织的认可程度
单位动员募捐积极的一面	成本低，方便，快速，积少成多，号召力强，参与范围广，增加集体凝聚力，易于组织
单位动员募捐消极的一面	攀比，数额相对较少，没有反馈效果，缺少主动性，逆反心理，不宜多次使用，可持续性弱

资料来源：笔者根据本书研究结果整理。

3.1.2　开放式问卷调查

焦点小组访谈让参与者对人们在组织动员中的捐赠意愿和行为展开深入讨论和分析，是参与者对人们这一行为的理解和看法，而开放式问卷调查则是让被试[①]回答自己真实的情况和想法。通过开放式问卷调查，笔者可以对组织动员中人们的捐赠意愿和行为有一个初步和直观的了解，是焦点小组访谈的补充，为后续理论模型的建立提供现实材料和依据。

开放式问卷首先设置一道关于被试是否有过在组织动员的募捐中捐赠的经历，若否，则结束答题，若是，则开始答题。问题与焦点小组访谈一样，不过主语换成被试，请被试写出自己的真实想法和观点，第二部分是关于个人信息调查，具体问卷详见附录 2。问卷通过熟人发放以及滚雪球的方式进行，回收 59 份问卷，有效问卷 59 份。参与调查的样本基本信息如表 3-4 所示。

[①]　被试（subject），心理学实验或心理测验中接受实验或测试的对象。可产生或显示被观察的心理现象或行为特质。

表 3 - 4　　　　　　　　　　　　开放式问卷调查样本信息

变量		人数	比率（%）
性别	男	31	53
	女	28	47
年龄	20～30 岁	19	32
	31～40 岁	35	59
	41～50 岁	5	8
婚姻状况	已婚	46	78
	未婚	13	22
单位性质	政府或事业单位	11	18
	国有企业	17	29
	三资企业	6	10
	民营企业	14	24
	集体企业	4	7
	其他	7	12

可以看出，参加开放式问卷的样本男女性别比例相当，年龄在 31～40 岁的中青年占比达到 59%，以已婚人员为主，样本主要来源于国有企业，民营企业以及政府及事业单位等。

在处理开放式问卷数据时，因为答案是定性的关键词，各人的表达方式不尽相同，因此笔者对关键词进行了解读，把表达相同意思的关键词进行了整合，去掉与问题不符的关键词，在此基础上，对所有关键词出现的频次进行统计，如表 3 - 5 所示。

表 3 - 5　　　　　　　　　　　　开放式问卷结果统计

问题描述	答案关键词及出现的频次
人们愿意在单位动员中捐赠的原因	方便（22），强制（20），信任（17），集体荣誉（15），不了解或不信任其他渠道（12），压力（10），爱心（10），个人目的（7），习惯（6），从众（6），快捷（3），责任（2），面子（2）
捐赠数额的决策心理	从众（31），面子（29），参照别人的捐赠数额（22），根据募捐事由（10），根据职位及收入等（9），是否公开捐赠数额（8），看单位规定（6）

续表

问题描述	答案关键词及出现的频次
与直接捐赠行为的差异方面	主动性与被动性（21），捐赠动机（8），个人行为与集体行为（7），主观感受（5），捐赠数额（5），捐赠渠道（5），隐私性与公开性（5），捐赠款去向（4），捐赠形式（3），个人关注度（1），持续性与突发性（1）
单位动员募捐积极的一面	覆盖面广（20），快速有效（18），提升组织形象（15），易于组织（15），唤醒员工爱心（13），增强组织凝聚力（11），有利于企业文化塑造（9），方便参与（9），可信度高（9），去向明确（6），对象明确（4），积少成多（4）
单位动员募捐消极的一面	强制（35），数额受他人影响（10），攀比（8），善款使用透明度差（8），数额较少（7），员工容易产生逆反心理（7）

注：括号里的数字是关键词出现的频次。

资料来源：根据本书调查结果整理。

3.1.3 预研究小结

从上述两个定性研究结论中，可以发现，人们愿意在单位动员中捐赠的原因可归纳为以下几个方面：（1）捐赠方式：方便，快捷；（2）士气因素：信任组织，集体荣誉感；（3）募捐方式：强制，公开捐赠名单和数额；（4）个人因素：有爱心，责任感，压力，面子，从众，个人目的。捐赠数额的决策依据可归纳为以下几个方面：（1）募捐方式：是否公开捐赠名单和数额，强制规定；（2）募捐事由；（3）个人因素：从众，面子，参照，士气，个人情况。

3.2 研究假设

3.2.1 公益事项属性感知

组织动员员工捐赠，会因为某个事由，比如救灾、扶贫、教育等，这里的动员事由就是本书所指的公益事项。许多研究指出个人对公益事项属性的感知影响其捐赠决策。萨金特（Sargeant，2001）调查发现，人们更愿意支持自己感兴趣的公益事项或与自己家庭有紧密联系的公益事项。在门对门的募捐研究中，萨金特和哈德逊（Sargeant and Hudson，2008）证实了这一结论，对公益事项的兴趣是影响捐赠者决定是否继续捐赠的因素。萨金特和伍德莱夫（Sargeant and Woodliffe，2007）研究指出，公益事项可参与性影响捐赠者对非营利组织的承诺；个人的价值观也影响其个人捐赠行为，而且个人更愿意选择与其核心价值观一致的公益事项进行捐赠。我国学者侯俊东和杜兰英（2011）认为在我国情境下，非营利组织公益事项属性感知对个人捐赠给非营利组织的意愿有显著影响，他们指出个人对公益事项属性感知包括效用感知、重要性感知、可接近性感知、可参与性感知以及与价值观一致性感知等五个维度。

本书借鉴侯俊东和杜兰英（2011）的研究成果，认为组织在某个公益事项动员员工捐赠的过程中，员工同样会感知动员的公益事项属性，但仅会感知其重要性、可接近性以及与价值观一致性等三方面，而不会关注公益事项的效用及可参与性。笔者认为，公益事项效用感知强调个人对在捐赠交换中获得效用的关注，可参与性感知强调个人会对开展的活动是否容易参与及有趣做出评价，而这两方面均不会在组织动员捐赠中有所体现。为此，提出如下研究假设：

H3-1：公益事项属性感知正向显著影响组织募捐动员中个人捐赠意愿。

H3-1a：公益事项重要性感知正向显著影响组织募捐动员中个人捐赠意愿。

H3-1b：公益事项可接近性感知正向显著影响组织募捐动员中个人捐赠意愿。

H3-1c：公益事项与价值观一致性感知正向显著影响组织募捐动员中个人捐赠意愿。

H3-2：公益事项属性感知正向显著影响组织募捐动员中个人捐赠数额。

H3-2a：公益事项重要性感知正向显著影响组织募捐动员中个人捐赠数额。

H3-2b：公益事项可接近性感知正向显著影响组织募捐动员中个人捐赠数额。

H3-2c：公益事项与价值观一致性感知正向显著影响组织募捐动员中个人捐赠数额。

3.2.2 组织信任与组织认同

组织信任是员工心目中对组织或雇主持有的信赖和支持的情感（Gilbert，1998）。作为对他人或社会实体的肯定态度，信任指导着人们的态度和行为（Robinson，1996）。员工对组织信任无疑将产生积极的作用。在本书中，员工对组织的信任程度越高，即相信组织动员捐赠的意图是好的，并且相信组织能公平、公正地处理员工的捐款，也就越可能愿意在组织动员的捐赠中捐款。

从另外一方面讲，我国组织动员中的个人捐赠可以说是一种组织公民行为。组织公民行为是员工的一种自发行为，不会直接或明确地被组织正式的薪酬制度所鼓励，但却对组织的运作有积极的影响（Organ，1988）。法赫等（Farh et al.，2004）指出中国员工的组织公民行为包括参加社会公益活动（social welfare participation）这一中国特有的维度，参加社会公益活动包括捐款或献血，参加社区服务等。那么，组织信任对组织动员中的员工捐赠行为的影响可以借鉴学者关于组织信任对于员工组织公民行为影响的研究。波德萨科夫等（Podsakoff et al.，1990）指出，当员工对组织充分信任时，除了做好角色内行为，也愿意参加组织外行为，因为员工知道组织会公平对待他。因此，组织信任对员工组织公民行为有积极的影响。许多学者通过实证研究验证了组织信任对组织公民行为的正向显著影响（Robinson，1996；Altuntas，2010）。为此，提出如下研究假设：

　　H3 - 3：组织信任正向显著影响组织募捐动员中个人捐赠意愿。

　　H3 - 4：组织信任正向显著影响组织募捐动员中个人捐赠数额。

　　组织认同是个人对组织的归属感或共同感，即个人倾向于将自己与组织看成一体，与组织荣辱与共（Ashforth and Mael，1989）。认同组织的员工会从群体规范以及组织整体利益来思考和行动（韩雪松，2007），因此，组织认同势必会引起员工有利于组织的行为。组织认同对员工组织公民行为的正向显著影响，得到了学者们的证实（Bergami and Bagozzi，2000；Dukerich et al.，2002；Riketta，2005）。而如上所述，组织动员中的员工捐赠可以看作一种组织公民行为，那么组织认同对员工捐赠行为的影响同样可以参考组织认同对员工组织公民行为的影响研究。因此，提出如下研究假设：

　　H3 - 5：组织认同正向显著影响组织募捐动员中个人捐赠意愿。

　　H3 - 6：组织认同正向显著影响组织募捐动员中个人捐赠数额。

3.2.3　集体主义倾向

　　文化不同，人们的社会行为也不同，而且，文化直接影响人们的道德决策（Vitell et al.，2003）。研究组织动员中员工捐赠行为这一中国特色问题，使得中国文化特征不可忽略。集体主义作为文化价值观的重要维度之一，指的是人们从出生起就与一个强大的、有凝聚力的组织结合在一起，而组织又对这些忠诚的成员提供终生的保护（Hofstede，1980）。集体主义倾向显著影响人们的行为意愿及态度（Hui，1988）。施瓦兹和比尔斯基（Schwartz and Bilsky，1987）认为集体主义者有亲近社会、追求安全等动机，他们保护或提高其他人的福利，追求社会的稳定，抵制那些可能伤害他人和违反社会准则的行为等。

　　我国是一个集体主义国家，集体主义深深地根植进人们的价值观念中，指导着人们的日常行为。陆岩（2009）指出，个人在组织动员捐赠

中表现出很强的"集体主义倾向",但没有对此进行验证。为此,提出如下研究假设:

H3-7:集体主义倾向正向显著影响组织募捐动员中个人捐赠意愿。

H3-8:集体主义倾向正向显著影响组织募捐动员中个人捐赠数额。

在集体主义价值观念占据主导的社会里,个人往往从道德、思想的角度处理他与组织的关系(崔洛燮,2006),他们更愿意与组织建立和谐的关系,经常喜欢支持组织(Earley,1994),对组织有很强的认同感。阿尔文(Alvin,2001)指出,集体主义倾向通过影响个人对团队合作的态度进而对组织认同产生影响。为此,提出如下研究假设:

H3-9:集体主义倾向正向显著影响个人对组织的认同,进而间接影响其捐赠行为。

集体主义者严格区分内部团体(in-group)和外部团体(out-group)(Hofstede et al.,1991)。在内部团体里,他们有共同的价值观和信仰,寻求集体的共同利益,因此,他们更愿意合作,内部信任也较高(Wagner,1995)。一些学者通过实证研究证明了集体主义倾向与组织信任的正相关关系。奥瓦伊斯(Ovaice,2001)证明了集体主义者比个人主义者更信任他们的管理者和组织。胡夫和凯利(Huff and Kelley,2005)指出在集体主义文化的国家里,内部团体的信任高于个人主义文化的国家。崔洛燮(2006)研究了跨国公司中民族文化(集体主义和权力距离)对中韩两国员工组织信任的影响,指出集体主义对组织信任的影响是明显的,尤其在集体主义倾向强的中国。为此,提出如下研究假设:

H3-10:集体主义倾向正向显著影响个人对组织的信任,进而间接影响其捐赠行为。

3.2.4 动员情境与压力感知

1. 动员情境的影响作用

正如韦纳(Weiner)所说,情境因素对助人行为来说非常重要(孙立平等，1999）。但是，笔者查阅现有文献，并没有发现有关动员情境的研究。现有的关于动员与捐赠的研究，仅提出了动员方式和动员技术的作用。其中，动员方式指的是组织者在动员人们参与时，对各种可能的资源的运作方式；动员技术指的是在推动人们参与时，组织者所使用的具体的策略、手段和方法（孙立平等，1999）。对于动员方式和动员技术如何进行量化测量，这些文献也并没有提及。因此，对动员情境进行定义和测量成为本书的首要任务。

本书借鉴贝尔克（Belk）对情境的定义，认为动员情境的五个构成要素分别为：（1）物质环境：募捐动员发生的场所，募捐箱的摆放，场所的灯光，动员时的天气等；（2）社会环境：其他人的捐赠信息，比如领导、同事的捐赠数额等；（3）时间：募捐动员发生的时间，是上班前，上班时，还是特大灾难发生后；（4）任务：员工的捐赠动机，例如助人、赢面子、亲社会等；（5）先行状态：员工在募捐发生时的心理状况，是高兴、悲伤、还是沮丧等。但是研究所有的情境因素的影响作用是不现实的，需要鉴别出影响比较大的几个情境因素。隆（Long，1976）研究认为，募捐者与捐赠者的关系影响人们的捐赠行为，他指出这是由于募捐者与捐赠者的关系会给捐赠者施加社会压力造成的。尤其当募捐者是捐赠者的领导时，捐赠者的社会压力会较大，在其他条件相同的情况下，个人的捐赠数额较多。利斯特和普里斯（List and Price，2009）研究指出，募捐者的社会身份会影响捐赠者的捐赠数额。我国学者孙立平等（1999）也指出，领导人的参与是慈善项目获得成功的重要环节。综合文献研究和我国的实际情况，本书提出组织募捐动员情境的第一个维度：组织者是员工的上级还是平级。研究表明，其他员工的捐赠信息会显著影响员工的捐赠行为和数额（Reyniers and Bhalla，2013；Martin and Randal，2009），学者将这种现象称之为捐赠的同伴效应（peer effect）（谢晔，2013）。罗俊等（2015）也指出捐赠者会观察群体中正式领袖的捐赠行为，从而决定自己参与捐赠的比例和数额。现实中，公开捐赠名单及数额也是我国工作组织在集体募捐中经常采取的一个策略。因此，本书提出组织动员情境的第二个维度：是否公开捐赠名单和捐赠数额。以上两个维度构成本书的 4 个组织募捐动员情境。在这 4 个不同的组织募捐动员情境中，个人的压力感知和捐赠行为可能不同。为此，提出如下假设：

H3－11：个人的压力感知在不同的募捐动员情境中显著不同。

H3－12：个人的捐赠意愿在不同的募捐动员情境中显著不同。

H3－13：个人的捐赠数额在不同的募捐动员情境中显著不同。

2. 压力感知的中介作用

国外的研究证实了社会压力对人们是否捐赠以及捐赠数额存在正向的影响（Shang and Croson，2009；Keating et al.，1981）。对于我国特有的以工作组织为动员主体的集体劝募，我国学者孙立平等（1999）指出员工的捐款行为往往是面对组织压力的结果。国内外的研究证实了压力和捐赠行为的正向关系。在本书中，压力是通过动员情境造成的。为此，提出如下假设：

H3－14：压力感知在募捐动员情境与个人捐赠数额之间的关系中起着中介的作用。

即动员情境会对个人造成一定的压力，员工感知到的压力越大，捐赠数额越多。

另外，没有学者对人们的捐赠心理过程进行分析。在我国，面对压力，捐款有时候甚至是一种行政强制，人们其实不一定愿意捐赠（孙立平等，1999）。基廷等（Keating et al.，1981）提出人们有时候仅仅为了维持工作才不得不捐赠。本书认为，当员工身处组织动员情境中，被动捐赠的成分可能更大。基于此，提出如下假设：

H3－15：压力感知在募捐动员情境与个人捐赠意愿之间的关系中起着中介的作用。

即动员情境会对个人造成一定的压力，个人感知到的压力越大，主动捐赠意愿越低。

阿杰曾（Ajzen，1991）的计划行为理论（the theory of planned behavior）认为行为意向（behavior intention）是预测行为（behavior）的最直接变量。此理论也得到了广大学者的证实（Wu and Chen，2005；Liao et al.，2007；Alam and Sayuti，2011）。侯俊东（2009）通过实证研究证实了非营利组织个人捐赠意愿对于捐赠行为的正向影响作用。基于此，提出以下假设：

H3 - 16：个人捐赠意愿正向显著影响个人捐赠数额。

3.2.5　面子倾向

"面子"是一个颇具中国文化特色的概念，是区别于西方文化的一个重要特征（朱瑞玲，1991；Domino et al.，1987；Morrow，1987）。林语堂（1977）曾形容面子是统治中国的三大"女神"之一。因此，许多学者将"面子"作为剖析中国人性格结构和社会行为的重要工具（Lin et al.，2013；Buckley et al.，2006；Ji，2000）。研究指出，面子在人们的冲突行为（Ting - Toomey and Kurogi，1998）、礼物给予行为（Joy，2001）、学习行为（Hwang et al.，2003）以及消费者购买行为（Bao et al.，2003）中发挥着重要的影响作用。

戈夫曼（Goffman，1955）将面子定义为：在某一特定的人际脉络中，个人由于他人对其作为之肯定，所获取的正面社会价值，也是个人对于自身所拥有的社会所赞许之属性的意象。陈之昭（1982）从现象心理的角度将面子界定为：在自我或自我涉入的对象所具有且为自我所重视的属性上，当事人认知到他人对该属性之评价后，所形成之具有社会意义或人际意义的自我心像。这两个概念都较抽象，但是都强调了面子是情境式的。周美伶和何友辉（1993）也提到在他们之前的所有学者均同意面子须透过情境而获得。

面子对个人行为的影响可从两方面来看：一是个人在社会化过程形成的面子需求特质，二是情境的公开或评价特征（朱瑞玲，1991）。因此，面子需求及情境公开性可以预测个人在面子威胁下，从事面子修补而非解决问题的行为倾向（朱瑞玲，1991）。在本书中，员工捐赠数额应该是根据自己的面子需求和组织募捐情境公开性共同做出的，即具有不同面子倾向的员工，在不同的募捐情境中，其捐赠数额也不同。张（Zhang et al.，2011）和霍（Ho，1976）认为人们的面子倾向是由怕丢面子和赢面子两个维度构成的。他们认为，赢面子的反面并不是丢面子。比如人们在某些艰难的情境下取得的成就超出了预期，就会赢得面子，但是不成功的表现也并不必然导致面子的失去；比如人们的某些表现仅仅满足社会赋予的基本期望，这样做仅是没有丢失面子，但并不代表赢得面子。本书借鉴他们的观点，认为个人的面子倾向包括怕丢面子和赢面子两个维度。为此，提出如下研究假设：

H3 - 17：面子倾向在募捐动员情境与个人捐赠数额的关系中起调节作用。

H3 - 17a：怕丢面子在募捐动员情境与个人捐赠数额的关系中起调节作用。

H3 - 17b：赢面子在募捐动员情境与个人捐赠数额的关系中起调节作用。

3.2.6 权力距离感知

权力距离是霍夫斯泰德（Hofstede，1980）提出，文化价值的重要维度之一指的是社会或组织成员对于权力分配不平等的接受度（Dorfman and Howell，1988）。在高权力距离文化中，个人易于接受上下级之间权力分配的不平等，习惯于听从上级的命令（Koslowsky et al.，2011；廖建桥等，2010；张燕和怀明云，2012）。在个人层面上，当员工权力距离感较高时，对领导的权力会遵从和忠诚，领导的看法和思路对其有着极大的影响（廖建桥等，2010；Begley et al.，2002）。权力距离作为一个文化维度，许多实证研究证实了其在领导方式与员工行为关系之间的调节效应（张燕和怀明云，2012；Wu and Chaturvedi，2009）。在本书中，当上级组织募捐活动时，高权力距离的员工可能会倾向于把它作为命令来执行，而低权力距离的员工则不会。为此，提出如下研究假设：

H3-18：权力距离在募捐动员情境与个人捐赠数额的关系中起调节作用。

3.2.7 人口统计特征

许多学者研究了人口统计特征与个人捐赠行为的关系，并通过实证研究证实了性别（Van Slyke and Brooks，2005；张进美等，2013）、年龄（Wiepkinghe James，2012；罗公利等，2009）、教育程度（Srnka and Eckler，2003；刘武等，2010）、收入（James and Sharpe，2007；邓玮，2013）以及职业（Kottasz，2004；刘凤芹和卢玮静，2013）等与捐赠数额的显著相关关系。在工作场合捐赠中，内斯比特等（Nesbit et al.，2012）发现，收入和教育程度对员工捐赠数额有正向影响；莱斯利（Leslie，2013）发现女性员工比男性员工捐赠的更多。基于我国的特殊情况，邓玮（2013）还发现个人的政治身份、单位性质以及工作岗位与其捐赠数额存在显著的相关关系，具体而言，政治身份为党员的群体捐赠数额要高于其他群体，机关事业单位的个人捐赠数额要高于企业或社团组织，管理层的捐赠数额要高于普通工作岗位。那么在本书中具有不同人口统计特征的员工，其捐赠数额是否也显著不同？而且在面对不同的募捐动员情境时，其捐赠数额是否也不同？为此，提出以下研究假设：

H3-19：人口统计特征不同，个人捐赠数额也显著不同。

H3-19a：性别不同，个人捐赠数额也显著不同。

H3-19b：年龄不同，个人捐赠数额也显著不同。

H3-19c：教育程度不同，个人捐赠数额也显著不同。

H3-19d：年收入不同，个人捐赠数额也显著不同。

H3-19e：职位不同，个人捐赠数额也显著不同。

H3-19f：单位性质不同，个人捐赠数额也显著不同。

H3-20：人口统计特征在募捐动员情境与个人捐赠数额的关系中起调节作用。

H3-20a：性别在组织动员情境与个人捐赠数额的关系中起调节作用。

H3-20b：年龄在组织动员情境与个人捐赠数额的关系中起调节作用。

H3-20c：教育程度在组织动员情境与个人捐赠数额的关系中起调节作用。

H3-20d：年收入在组织动员情境与个人捐赠数额的关系中起调节作用。

H3-20e：职位在组织动员情境与个人捐赠数额的关系中起调节作用。

H3-20f：单位性质在组织动员情境与个人捐赠数额的关系中起调节作用。

3.3　研究设计

3.3.1　问卷与变量测量

采用情境式问卷调查的方法对研究模型进行检验。问卷的开头设计一个募捐动员情境，描述如下："假设您所在的单位，因为某一公益事项动员员工捐赠。在这个动员过程中，组织者是您的上级（或平级），他们将公开（不公开）捐赠名单和捐赠数额"，然后请被试假设身处其中，回答后面的问题。不同的组织者和不同的公开策略组成4个不同的募捐动员情境（见表3-6）。

表 3 - 6　　　　　　　　　　募捐动员情境设计

类别	组织者是被试的上级	组织者是被试的平级
公开捐赠名单和数额	募捐动员情境 1	募捐动员情境 3
不公开捐赠名单和数额	募捐动员情境 2	募捐动员情境 4

问卷内容共包括六部分，第一部分是让被试描述在所处的募捐动员情境中感受到的压力，1~7 代表从没有压力到压力最大。第二部分是有关被试的捐赠意愿及捐赠数额的测项。第三至第五部分是有关被试的公益事项属性感知、组织信任、组织认同、集体主义倾向、面子倾向以及权力距离的测项。最后一部分是关于被试的个人信息，包括性别、年龄、教育程度、年收入、职位以及单位性质等。除个人信息和捐赠数额外，所有变量均采取 Likert 七点量表，1 代表非常不赞同，7 代表非常赞同。

与本书有关的变量测量与来源如表 3 - 7 所示。采用和借鉴了国外学者成熟量表的同时，为确保语句的准确表达，还采取了英汉双向互译的方式进行翻译，完成后请有海外背景的管理学教师反复修改和完善。

表 3 - 7　　　　　　　　　　变量测量与来源

变量		代码	来源	测量题项
压力感知		PP	自行编制	您在上述的动员情境中感受到的捐赠压力
个人捐赠意愿		GI1	自行编制	您愿意在上述的募捐动员情境中捐赠
		GI2		只要单位动员捐赠，您就会捐赠
个人捐赠数额		GA	自行编制	您觉得您大约会捐赠多少
公益事项属性感知	重要性感知	CP1	参考侯俊东（2009），侯俊东和杜兰英（2011）编制的量表	您觉得这个公益事项在社会上影响很大
		CP2		您觉得这个公益事项对社会发展很有帮助
		CP3		您觉得这个公益事项有较大的善果
	可接近性感知	CP4		您觉得这个公益事项一直服务于您所关心的地区
		CP5		您觉得这个公益事项是您可以经常接触的
		CP6		您觉得这个公益事项在地域上是您容易接近的
	与价值观一致性感知	CP7		您觉得这个公益事项符合自己的捐赠偏好
		CP8		您觉得这个公益事项能够和自己产生共鸣
		CP9		您觉得这个公益事项对自己生活很有意义

续表

变量	代码	来源	测量题项
组织信任	OT1	采用罗宾逊（Robinson，1996）的成熟量表	我相信我的单位处事是非常正直的
	OT2		我的单位总是诚实守信的
	OT3		一般来说，我相信我的单位做事情的动机和意图是好的
	OT4		我认为单位能够公平地对待员工
	OT5		我的单位对员工总是坦诚的
	OT6		我完全信任我的单位
组织认同	OI1	采用阿什福思和梅尔（Ashforth and Mael，1989）的成熟量表	当别人批评您所在的单位时，您觉得是对您个人的侮辱
	OI2		别人对您单位的看法，您很感兴趣
	OI3		当您讨论您所在的单位时，您经常说"我们"而不是"他们"
	OI4		单位的成功也是您的成功
	OI5		当别人称赞您的单位时，您感觉是对您个人的表扬
	OI6		您的行为在很大程度上表现得像您所在单位成员的行为
集体主义倾向	C1	采用多尔夫曼和豪厄尔（Dorfman and Howell，1988）的成熟量表	团体福利比个体奖赏更重要
	C2		团体成就比个体成就更重要
	C3		对您而言，得到您工作团体成员的认可是非常重要的
	C4		员工只有在考虑了团体利益之后才能追求个体目标
	C5		领导应该鼓励员工忠诚于团体，即使会牺牲个体目标
	C6		领导希望员工为了团体成就放弃个体目标
面子倾向	怕丢面子	F1	借鉴张等(Zhang et al.，2011)，陈等（Cheung et al.，2001)和周(Chou，1997)的量表	我很在乎别人对我的看法
		F2		由于我不想被同事瞧不起，我很注意自己的行为和穿着打扮
		F3		我担心在同事面前丢面子
	赢面子	F4		我喜欢多说话，引人注意
		F5		我会争取可以赢得面子的机会来自我表现一番
		F6		我喜欢在公众场合中成为众人注意、羡慕的焦点

续表

变量	代码	来源	测量题项
权力距离	PD1	达什等（Dash et al.，2006）	领导在做决策时不用与下属商量
	PD2		领导不应该把重要任务委派给员工
	PD3		领导不必询问员工的意见
	PD4		领导应当避免与员工工作外的社会交往
	PD5		员工不应该抵触领导做出的决策

3.3.2 数据收集

1. 预调研

虽然组织信任、组织认同、集体主义倾向、面子倾向量表及权力距离是根据国外比较成熟的量表翻译而成，但由于捐赠意愿量表是本书自行设计的，公益事项属性量表也没有经过大量验证，因此笔者首先进行了预调研。共请武汉某高校 160 位在校大学生和研究生帮忙填写问卷，四种情景分别发放 40 份。共得到 135 份有效问卷。通过验证性因子分析发现，捐赠意愿量表和公益事项属性量表的因子载荷均在 0.600 以上，这两个量表设计良好。然而集体主义倾向量表中测项 C6 的因子载荷小于 0.500，而且删除这个测项后，量表的 Cronbach's α 系数从 0.767 提高到 0.781。王国保（2010）在应用此量表对我国员工进行调查时，也发现这个测项因子载荷过低，从而在研究时删除了这一测项。权力距离量表中测项 4 的因子载荷也小于 0.500，删除这个测项后，权力距离量表的 Cronbach's α 系数从 0.698 提高到 0.708。因此，为提高量表的信效度，笔者在正式调研时删除了测项 PD4，从而形成了最终的问卷。

2. 正式调研

正式调研时，笔者首先找到了 50 个单位的在职员工作为联系人，通过他们在本单位发放问卷。在寻找这些在职员工时，一是确认他们有能力并且有意愿发放问卷，二是尽量确保他们所在的单位性质不尽相同。调研时要求每个在职员工发放 20 份问卷，每种问卷各 5 份。50 个在职员工共发放 1000 份问卷，回收 601 份问卷，有效问卷 528 份，有效率为 88%。4 个动员情境的有效样本量分别为，128（组织者是上级，公开捐赠名单和数额）、135（组织者是上级，不公开捐赠名单和数额）、132（组织者是平级，公开捐赠名单和数额）、133（组织者是平级，不公开捐赠名单和数额）。利用多独立样本的非参数检验发现，四个样本量在性别、年龄等人口统计学方面差异都不显著，即四个样本量的人口统计特征基本一致。总样本的基本信息以及非参数检验结果如表 3 - 8 所示。

表 3 - 8　　　　　　　　样本的描述性统计及非参数检验结果

变量		人数	比率（%）	λ^2	Asymp. Sig.
性别	男	276	52	0.572	0.903
	女	252	48		
年龄	18～24 岁	16	3	2.902	0.407
	25～30 岁	208	39		
	31～40 岁	237	45		
	41～60 岁	67	13		
教育程度	高中及以下	7	1	5.301	0.163
	专科	48	9		
	本科	305	58		
	硕士及以上	168	32		
年收入	3 万元以下	87	17	5.624	0.110
	3 万～8 万元	222	42		
	8 万～15 万元	154	29		
	15 万元以上	65	12		

续表

变量		人数	比率（%）	λ^2	Asymp. Sig.
职位	高层管理者	19	4		
	中层管理着	122	23	4.487	0.213
	基层管理者	145	27		
	普通员工	242	46		
单位性质	体制内单位	320	61	4.406	0.221
	体制外单位	208	39		

如表 3-8 所示，样本的性别比例基本一致，年龄在 25~40 岁的样本占比达到 84%，教育程度主要集中在本科及以上，个人年收入在 3 万~15 万元的人占了样本量的 71%，体制内单位参与调查的员工高于体制外单位的员工。从职位分布来看，普通员工最多，占了本次调查的 45.8%，基层管理者和中层管理者次之，高层管理者最少。

第4章
Chapter 4

组织募捐动员中
个人捐赠意愿影响机理研究

4.1 研究模型

综合上述研究假设，组织募捐动员中个人捐赠意愿的研究模型如图4-1所示。

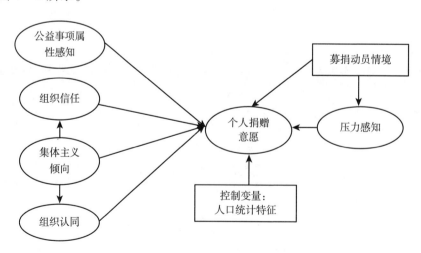

图4-1 组织募捐动员中个人捐赠意愿的研究模型

4.2　实证分析

4.2.1　信效度检验

1. 同源偏差分析

考虑到本书的问卷是由同一个人填写,可能存在同源偏差(CMV)的问题。因此,首先进行探索性因子分析(EFA),如果未经旋转的第一个主成分也就是 CMV 的量没有解释大部分方差,就说明同源偏差不足以影响研究结论(Podsakoff et al.,2003)。结果表明,未进行旋转的第一个主成分是31.6%,没有解释大部分方差,说明同源偏差基本不会对本书结论造成干扰。

2. 量表的信效度检验

本书应用 Cronbach's α 系数和组合信度检验量表的信度,结果如表 4 – 1 所示。所有潜变量的 Cronbach's α 系数和组合信度均大于 0.700,达到相应的要求,说明量表具有较高的信度。

表 4 – 1　　　　　　　　　　量表的信效度检验结果

潜变量		代码	标准化的因子载荷	Cronbach's α	组合信度	AVE 值
员工捐赠意愿		GI1	0.736	0.732	0.734	0.580
		GI2	0.786			
公益事项属性感知	重要性感知	CP1	0.600	0.753	0.772	0.536
		CP2	0.873			
		CP3	0.696			
	可接近性感知	CP4	0.718	0.834	0.842	0.642
		CP5	0.903			
		CP6	0.771			
	与价值观一致性感知	CP7	0.676	0.803	0.817	0.602
		CP8	0.895			
		CP9	0.740			

续表

潜变量	代码	标准化的因子载荷	Cronbach's α	组合信度	AVE 值
组织信任	OT1	0.867	0.936	0.925	0.673
	OT2	0.911			
	OT3	0.807			
	OT4	0.762			
	OT5	0.760			
	OT6	0.805			
组织认同	OI1	0.746	0.841	0.858	0.506
	OI2	0.685			
	OI3	0.587			
	OI4	0.809			
	OI5	0.808			
	OI6	0.600			
集体主义倾向	C1	0.700	0.821	0.832	0.500
	C2	0.827			
	C3	0.664			
	C4	0.733			
	C5	0.589			

通过验证性因子分析检验量表的效度。结果表明，测量模型整体拟合良好：$\chi2/df = 1.997 < 3$，$GFI = 0.920$，$CFI = 0.959$，NFI $= 0.921$，IFI $= 0.959$，均大于 0.900，$RMSEA = 0.044 < 0.050$。如表 4 - 1 所示，所有变量测项的标准化因子载荷系数均超过最低标准 0.500，而且均在 0.001 的水平上显著；所有潜变量的平均方差抽取量（即 AVE 值）都超过了 0.500 的标准，收敛效度较好。各潜变量的 AVE 值的平方根与潜变量间相关系数如表 4 - 2 所示，各 AVE 值的平方根均大于潜变量间的相关系数，表明量表的区别效度较好。综上表明，本书采用的量表效度较好。

表 4 - 2　　　　　　　　描述性统计及区别效度的检验

潜变量	均值	标准差	GI	CIP	CPP	CCP	C	OT	OI
员工捐赠意愿（GI）	9.638	2.664	0.762						
公益事项重要性感知（CIP）	15.020	3.412	0.367	0.732					
公益事项可接近性感知（CPP）	12.296	3.621	0.183	0.367	0.801				
公益事项与价值观一致性感知（CCP）	14.200	3.520	0.254	0.505	0.466	0.776			
集体主义倾向（C）	23.734	4.748	0.336	0.237	0.191	0.288	0.707		
组织信任（OT）	27.440	6.796	0.361	0.298	0.227	0.247	0.448	0.820	
组织认同（OI）	30.760	5.253	0.322	0.338	0.169	0.323	0.445	0.559	0.711

注：对角线数据为各变量的 AVE 值的平方根。

4.2.2　多元线性分析

以个人捐赠意愿为因变量，公益事项属性感知、组织信任、组织认同及集体主义倾向为自变量，人口统计学变量为控制变量，进行多元线性回归，分析结果如表 4 - 3 所示。方差膨胀因子（VIF）均小于 2，表明各自变量和控制变量之间不存在多重共线性。研究结果表明，人口统计特征对个人捐赠意愿没有显著影响；公益事项重要性感知，组织信任以及集体主义倾向对个人捐赠意愿有显著的正向影响；公益事项可接近性感知，与价值观一致性感知以及组织认同对个人捐赠意愿没有显著影响。H1a，H3，H7 得到验证，H1b，H1c，H5 未得到验证。

表 4 - 3　　　　　　个人捐赠意愿为因变量的回归分析结果

变量	模型 1		模型 2	
	β	VIF	β	VIF
控制变量				
性别	0.077	1.117	0.064	1.124
年龄	0.016	1.136	- 0.002	1.147

续表

变量	模型 1		模型 2	
	β	VIF	β	VIF
教育程度	0.008	1.078	0.048	1.135
年收入	0.040	1.348	−0.015	1.384
职位	0.052	1.186	0.043	1.188
单位性质	0.034	1.095	−0.021	1.116
自变量				
公益事项重要性感知			0.241***	1.476
公益事项可接近性感知			0.008	1.348
公益事项与价值观一致性感知			0.009	1.646
组织信任			0.174***	1.677
组织认同			0.048	1.852
集体主义倾向			0.193***	1.511
R^2	0.011		0.245	
F	0.923		13.934***	
ΔR^2	0.011		0.234	
ΔF	0.923		26.673***	

注：*** 表示在 0.001 水平上显著相关；** 表示在 0.010 水平上显著相关；* 表示在 0.050 水平上显著相关。

4.2.3 结构方程模型分析

上述回归分析结果表明，组织认同对个人捐赠意愿的影响不显著，考虑到个人的集体主义倾向有可能会对组织认同产生积极影响（Alvin，2001），以及组织认同对组织信任的正向影响作用（Roussin and Webber，2012；Han and Harms，2010），本书建立如图 4 - 2 所示的结构方程模型，运用 Amos 20.0 软件进行分析。结果表明，模型整体拟合良好：$\chi2/df = 2.228 < 3$，$GFI = 0.939$，$CFI = 0.969$，$NFI = 0.946$，$IFI = 0.969$，均大于 0.900，$RMSEA = 0.048 < 0.050$。集体主义倾向正向显著影响个人对组织的信任和认同，进而间接影响个人捐赠意愿，H9 和 H10 得到验证。以上结果表明，集体主义倾向不仅直接影响个人捐赠意愿，而且通过影响组

织信任间接影响个人捐赠意愿；组织认同通过组织信任间接影响个人捐赠意愿。

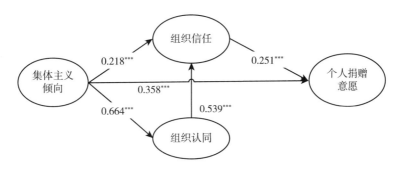

图 4 - 2　集体主义倾向、组织信任与组织认同对个人捐赠意愿的影响机理

注：*** 表示在 0.001 水平上显著相关。

4.2.4　募捐动员情境对个人捐赠意愿的影响机理分析

动员情境、压力感知与个人捐赠意愿关系的研究模型如图 4 - 3 所示。本章节首先运用方差分析检验了动员情境对压力感知及个人捐赠意愿的影响，然后运用层级回归分析检验了压力感知在动员情境和个人捐赠意愿之间的中介作用。

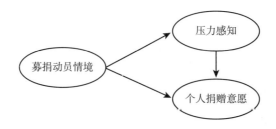

图 4 - 3　募捐动员情境对个人捐赠意愿影响的研究模型

1. 方差分析

运用单因素方差分析和两两比较来检验个人的压力感知和捐赠意愿是否在不同的募捐动员情境下存在显著差异。单因素方差分析的 *F* 值和两两比较的均值差如表 4-4 和表 4-5 所示。可以看出，压力感知（$F = 7.605$，$p < 0.001$）和个人捐赠意愿（$F = 2.690$，$p < 0.050$）在不同的募捐动员情境中存在显著差异，H11 和 H12 得到验证。同时也发现，在 4 个募捐动员情境下个人的压力感知依次降低，而捐赠意愿依次升高，即在组织者是上级，公开捐赠名单和数额的情境下，个人的压力感知最大，捐赠意愿最低；而在组织者是平级，不公开捐赠名单和数额的情境下，个人的压力感知最小，捐赠意愿最高。

表 4-4   压力感知的方差分析和两两比较结果

募捐动员情境	募捐动员情境 1	募捐动员情境 2	募捐动员情境 3	募捐动员情境 4	F 值
募捐动员情境 1	3.563				
募捐动员情境 2	0.177	3.386			
募捐动员情境 3	0.547 *	0.370	3.016		7.605 ***
募捐动员情境 4	0.889 ***	0.712 **	0.342	2.674	

注：对角线数据为压力感知在各募捐动员情境下的均值。*** 表示在 0.001 水平上显著相关；** 表示在 0.010 水平上显著相关；* 表示在 0.050 水平上显著相关。

表 4-5   个人捐赠意愿的方差分析和两两比较结果

募捐动员情境	募捐动员情境 1	募捐动员情境 2	募捐动员情境 3	募捐动员情境 4	F 值
募捐动员情境 1	9.375				
募捐动员情境 2	0.079	9.296			
募捐动员情境 3	-0.390	-0.469	9.765		2.690 *
募捐动员情境 4	-0.738 *	-0.817 *	-0.348	10.113	

注：对角线数据为个人捐赠意愿在各募捐动员情境下的均值。* 表示在 0.050 水平上显著相关。

从表 4-4 的两两比较可以发现，个人的压力感知在募捐动员情境 1 和募捐动员情境 3 之间（均值差 = 0.547，$p < 0.050$）存在显著差异（即在公开捐赠名单和数额的情况下，组织者是上级还是下级对个人的压力感知影响显著不同），募捐动员情境 2 和募捐动员情境 4 之间（均值差 =

0.712，$p < 0.010$）存在显著差异（即在不公开捐赠名单和数额的情况下，组织者是上级还是下级对个人的压力感知影响显著不同），也就是说，在捐赠名单和数额公开与否已经确定的情况下，组织者是上级对个人的压力感知显著高于组织者是平级的情况。而在募捐动员情境 1 和募捐动员情境 2 之间、募捐动员情境 3 和募捐动员情境 4 之间个人的压力感知没有显著差异，即在组织者一定的情况下，是否公开捐赠名单和数额对个人压力感知的影响没有什么变化。综上说明，相对于公开捐赠名单和数额，组织者是上级的动员①对个人的压力感知影响更大。

从表 4 - 5 的两两比较可以发现，个人捐赠意愿在募捐动员情境 2 和募捐动员情境 4 之间（均值差 = - 0.817，$p < 0.050$）存在显著差异，募捐动员情境 1 和募捐动员情境 3 之间没有显著差异，说明只有在不公开捐赠名单和数额的情况下，组织者的不同才会对个人捐赠意愿的影响造成显著不同。而且，与个人压力感知相同，募捐动员情境 1 和募捐动员情境 2 之间、募捐动员情境 3 和募捐动员情境 4 之间没有显著差异，即在组织者一定的情况下，是否公开捐赠名单和数额对个人捐赠意愿的影响没有什么显著变化。

2. 层级回归分析

对于压力感知的中介作用，采用层级回归的方法进行检验，分析结果如表 4 - 6 所示。按照温忠麟等（2005）总结的中介效应检验程序，需满足以下几个条件才构成中介效应：自变量对因变量的回归系数显著；自变量对中介变量的回归系数显著；自变量和中介变量同时进入回归方程时，中介变量对因变量的系数显著而自变量对因变量的系数消失（完全中介）或减弱（部分中介）。因为募捐动员情境是分类变量，其对捐赠意愿及压力感知的影响见方差分析结果，二者均显著，满足第一个和第二个条件。募捐动员情境和压力感知同时进入个人捐赠意愿为因变量的

---

① 指募捐动员的组织者是被调查者的上级。

回归方程时，需对募捐动员情境进行重新编码。根据表 4 − 5 的研究结果，募捐动员情境 4 下的个人捐赠意愿分别与募捐动员情境 1 以及募捐动员情境 2 下的个人捐赠意愿之间存在显著差异。因此，笔者以募捐动员情境 4 为参照变量，生成三个虚拟变量。从表 4 − 6 的结果可以发现，在加入中介变量压力感知后，在模型 1 中显著的自变量回归系数在模型中变得不显著，而压力感知对捐赠意愿的影响负向显著，满足了第三个条件。综上，H15 得到验证，即压力感知在募捐动员情境与个人捐赠意愿之间的关系中起着中介的作用，而且压力感知负向显著影响捐赠意愿，个人感知到的压力越大，主动捐赠意愿越低。

表 4 − 6 　　　　　层级回归分析：压力感知在募捐动员情境和

个人捐赠意愿间的中介效应

变量	模型 1	模型 2	模型 3
控制变量			
性别	0.077	0.076	0.037
年龄	0.016	0.010	− 0.010
教育程度	0.008	− 0.004	0.004
年收入	0.040	0.069	0.050
职位	0.052	0.041	0.034
单位性质	0.034	0.022	0.018
自变量			
募捐动员情境 1		− 0.124 *	− 0.057
募捐动员情境 2		− 0.128 *	− 0.078
募捐动员情境 3		− 0.038	− 0.018
募捐动员情境 4		参照变量	
中介变量			
压力感知			− 0.285 ***
R^2	0.011	0.026	0.102
F	0.923	1.544	5.849 ***
ΔR^2	0.011	0.015	0.076
ΔF	0.923	2.768 *	43.458 ***

　　注：*** 表示在 0.001 水平上显著相关；* 表示在 0.050 水平上显著相关。

4.3　本章小结与讨论

4.3.1　研究假设结果汇总

根据上述系列实证分析结果，有关组织募捐动员中个人捐赠意愿的研究假设检验结果汇总如表 4 - 7 所示。

表 4 - 7　　　　　　　　　假设检验结果汇总

研究假设	检验结果
H3 - 1：公益事项属性感知正向显著影响组织募捐动员中个人捐赠意愿	部分支持
H3 - 1a：公益事项重要性感知正向显著影响组织募捐动员中个人捐赠意愿	支持
H3 - 1b：公益事项可接近性感知正向显著影响组织募捐动员中个人捐赠意愿	不支持
H3 - 1c：公益事项与价值观一致性感知正向显著影响组织募捐动员中个人捐赠意愿	不支持
H3 - 3：组织信任正向显著影响组织募捐动员中个人捐赠意愿	支持
H3 - 5：组织认同正向显著影响组织募捐动员中个人捐赠意愿	不支持
H3 - 7：集体主义倾向正向显著影响组织募捐动员中个人捐赠意愿	支持
H3 - 9：集体主义倾向正向显著影响个人对组织的认同	支持
H3 - 10：集体主义倾向正向显著影响个人对组织的信任	支持
H3 - 11：个人的压力感知在不同的募捐动员情境中显著不同	支持
H3 - 12：个人的捐赠意愿在不同的募捐动员情境中显著不同	支持
H3 - 15：压力感知在募捐动员情境与个人捐赠意愿之间的关系中起着中介的作用	支持

4.3.2　讨论

本章从组织层面（包括募捐动员事由、募捐动员情境）、个人层面

（士气因素、文化价值观、心理压力）分析了组织募捐动员总个人捐赠意愿的影响因素以及影响机理。研究结果如表 4-7 所示，以下对实证分析结果进行讨论和总结。

（1）在工作组织因为某项公益事项动员员工捐赠的过程中，个人比较关注这一事项的重要性如何，即在社会上影响是不是很大，是不是会造成较大的影响等，而对这一事项是否可接近以及是否与自身的价值观一致，不太关注。这一研究结果与个人直接捐赠时关注的事项属性不一样。国内外学者的研究表明，影响个人直接捐赠的事项属性维度，包括重要性、可接近性、可参与性以及与价值观一致性等方面（Sargeant，2001；Sargeant and Hudson，2008；侯俊东和杜兰英，2011）。本书的结果表明，只有公益事项本身对社会影响较大时，在组织中动员员工捐赠才会取得较大的成功。这也部分解释了我国在较大的灾难发生时采取组织动员这种方式的原因。

（2）组织信任对个人捐赠意愿有显著的直接影响，组织认同对个人捐赠意愿的直接影响不显著，这可能是因为员工觉得自己捐不捐款对企业的名声或成功等并不会造成直接的影响，但组织认同通过组织信任间接影响个人捐赠意愿。笔者将组织动员中的员工捐赠行为看作是一种组织公民行为，因此认为对组织持有积极态度（包括信任和认同）的员工愿意在组织动员中捐赠。实证研究结果也证实了这一结论。学者法赫等（Farh et al.，2004）通过实证研究识别了中国个人的组织公民行为包括参加公益活动这一维度，目前尚无其他学者对这一研究结果进行论证，学者们在研究中国个人的组织公民行为时也并未将这一维度考虑在内。本书认为在研究中国个人的组织公民行为时，员工在组织中的捐赠行为是不可或缺的一部分。

（3）集体主义倾向不仅对个人捐赠意愿有直接的影响，而且通过影响组织认同和组织信任间接影响个人捐赠意愿，也就是说，具有集体主义倾向的员工，对组织的认同和信任程度也较高，进而更愿意在组织募捐动员中捐赠。目前学术界关于个人层面的集体主义倾向和组织认同及信任间关系的实证研究较少（Alvin，2001；Huff and Kelley，2005），且尚存在分歧。有的学者认为二者间呈负相关关系，指出具有集体主义倾向的员工，权力距离也较高，而权力距离影响个人对组织和管理者的信任和认同（Hofstede et al.，1991）。而本书的实证研究结果支持二者存在正相关关系的结论，认为集体主义者对自身所属的团体信任和认同也较高，这一研究结论可能会丰富学术界有关文化价值观和组织行为关系的研究。

（4）本书首次提出组织募捐动员情境这一新概念，并对其进行定义和测量。通过方差分析发现，组织募捐动员情境对个人的压力感知和捐赠意愿有显著的影响，也就是说，个人的压力感知和捐赠意愿在不同的募捐动员情境中显著不同。具体而言，个人的压力感知在 4 个募捐动员情境下依次降低，捐赠意愿依次升高，即在组织者是上级，公开捐赠名单和数额的情境下，个人的压力感知最大，捐赠意愿最低；而在组织者是平级，不公开捐赠名单和数额的情境下，个人的压力感知最小，捐赠意愿最高。进一步比较发现，相对于公开捐赠名单和数额，组织者是上级的动员对员工的压力感知影响更大，甚至在组织者一定的情况下，是否公开捐赠名单和数额对员工压力感知的影响没有什么变化。而对于个人捐赠意愿来说，只有在不公开捐赠名单和数额的情况下，组织者是上级还是下级对员工捐赠意愿的影响才会显著不同。而且，与个人压力感知相同，在组织者一定的情况下，是否公开捐赠名单和数额对个人捐赠意愿的影响没有什么显著变化。

同时，本书发现，压力感知在募捐动员情境和个人捐赠意愿之间的关系中起着中介的作用。这表明，募捐动员情境主要通过对个人造成一定的压力，从而影响其捐赠意愿，这一研究结果与韦纳（Weiner）的研究结果一致（孙立平等，1999）。本书也发现，个人的压力感知负向显著影响其捐赠意愿，即个人感知到的压力越大，捐赠意愿越低。而国外学者认为社会压力会促使个人捐赠以及促使个人捐赠更多（Dellavigna et al.，2012；Shang and Croson，2009）。我国学者孙立平等（1999）也指出，个人的捐款行为是面对组织压力的结果。本书结果表明，面对压力个人的捐赠行为往往是迫不得已做出的决策，而发自内心的主动成分较少，"被动的自愿"用来描述我国工作组织募捐动员中个人的捐赠行为或许比较贴切。

第5章
Chapter 5

组织募捐动员中
个人捐赠数额影响机理研究

5.1 研究模型

综合前述研究假设，组织募捐动员中个人捐赠数额的研究模型如图 5 – 1 所示。

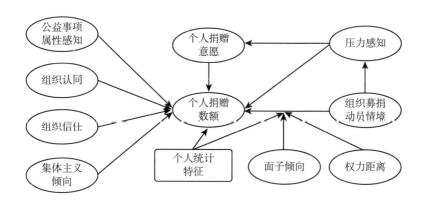

图 5 – 1 组织募捐动员中个人捐赠数额的研究模型

5.2 实证分析

5.2.1 信效度检验

在个人捐赠意愿部分已经对公益事项属性感知、组织认同、组织信任、集体主义倾向及个人捐赠意愿的量表进行了信效度检验，本部分仅对面子倾向及权力距离的量表进行信效度检验。运用 Cronbach's α 系数对量表的信度进行检验。面子倾向和权力距离量表的 Cronbach's α 系数和组合信度均大于 0.700，达到相应的要求，表明量表的信度较高（见表 5-1）。

表 5-1 量表的信效度检验结果

潜变量		代码	标准化的因子载荷	Cronbach's α	组合信度
面子倾向	怕丢面子	F1	0.703	0.842	0.845
		F2	0.850		
		F3	0.849		
	赢面子	F4	0.775	0.847	0.848
		F5	0.863		
		F6	0.779		
权力距离		PD1	0.516	0.710	0.721
		PD2	0.536		
		PD3	0.838		
		PD4	0.594		

验证性因子分析的结果表明，测量模型整体拟合良好：$\chi2/df = 1.757 < 3$，$GFI = 0.961$，$CFI = 0.988$，$IFI = 0.988$，$NFI = 0.972$，均大于 0.900，$RMSEA = 0.038 < 0.050$。从表 5-1 可以看出，所有变量测项的标准化因

子载荷均超过最低标准0.500，且均在0.001的水平上显著，收敛效度较好。各潜变量 AVE 值的平方根与潜变量间相关系数如表 5 - 2 所示，各 AVE 值的平方根均大于潜变量间相关系数，表明量表的区别效度较好。综上，面子倾向和权力距离的量表效度较好。

表 5 - 2　　　　　　　　　描述性统计及区别效度的检验

潜变量	均值	标准差	LF	WF	PD
怕丢面子（LF）	11.671	3.736	0.804		
赢面子（WF）	9.161	3.292	0.543	0.807	
权力距离（PD）	11.178	3.480	0.077	0.241	0.634

注：对角线数据为各潜变量的 AVE 值的平方根。

5.2.2　描述性统计分析及方差分析

组织募捐动员中个人捐赠数额在人口统计特征方面的差异描述如表 5 - 3 所示，在不同募捐动员情境下的差异比较如表 5 - 3 所示。

表 5 - 3　　　　　　个人捐赠数额的描述性统计分析及方差分析

变量		均值	标准差	F	$Sig.$
性别	男	3.75	1.055	11.023	0.001
	女	3.45	1.036		
年龄	18~30 岁	3.38	1.035	10.154	0
	31~40 岁	3.76	1.047		
	41~60 岁	3.88	1.023		
教育程度	高中及以下	2.14	1.215	9.766	0
	专科	3.17	1.226		
	本科	3.62	1.029		
	硕士及以上	3.81	0.966		

续表

变量		均值	标准差	F	Sig.
年收入	3 万元以下	2.85	1.101	52.273	0
	3～8 万元	3.38	0.822		
	8～15 万元	4.05	0.884		
	15 万元以上	4.44	1.125		
职位	管理者	3.88	0.974	48.460	0
	普通员工	3.25	1.039		
单位性质	体制内单位	3.69	1.057	3.784	0.052
	体制外单位	3.51	1.053		

如表 5-3 所示，除单位性质外，员工捐赠数额分别在不同的性别、年龄、教育程度、年收入以及职位等方面存在显著的差异，H19f 没有得到验证，H19a，H19b，H19c，H19d，H19e 得到验证。具体而言，男性员工的平均捐赠数额大于女性员工的平均捐赠数额，而且随着年龄的增大，教育程度、年收入的提高以及职位的提升，员工的捐赠数额也显著的增加。

从表 5-4 可以看出，个人捐赠数额（$F = 8.581$，$p < 0$）在不同的募捐动员情境下存在显著差异，H13 得到验证。同时也发现，在募捐动员情境 1 即在组织者是上级以及公开捐赠名单和数额的情境下，个人的捐赠数额最大；在募捐动员情境 3 即在组织者是平级以及公开捐赠名单和数额的情境下，个人的捐赠数额最小。

表 5-4　　　　个人捐赠数额在不同募捐动员情境下的方差分析

募捐动员情境	募捐动员情境 1	募捐动员情境 2	募捐动员情境 3	募捐动员情境 4	F 值
募捐动员情境 1	3.805				8.581 ***
募捐动员情境 2	0.153	3.652			
募捐动员情境 3	0.570 ***	0.417 ***	3.235		
募捐动员情境 4	0.023	−0.130	−0.547 ***	3.782	

注：对角线数据为个人捐赠数额在各募捐动员情境下的均值。*** 表示在 0.001 水平上显著相关。

个人的捐赠数额在募捐动员情境 1 和募捐动员情境 3 之间（均值差 = 0.570，$p < 0.001$）存在显著差异，也就是说，在公开捐赠名单和数额的情况下，员工在组织者是上级的动员中比在组织者是其平级的动员中捐赠的多。个人捐赠数额在募捐动员情境 3 和募捐动员情境 4 之间（均值差 = -0.547，$p < 0.001$）存在显著差异，也就是说，在组织者是员工的平级时，相对于公开捐赠名单和数额，采用不公开捐赠名单和数额的方式员工捐赠的反而更多。进一步比较总结发现，在组织者是上级的情况下，是否公开捐赠名单和数额，对个人的捐赠数额没有显著差异，而在组织者是平级的情况下，采用不公开的捐赠名单和数额的方式要优于采用公开捐赠名单和数额的方式。

5.2.3　多元线性回归分析

以个人捐赠数额为因变量，公益事项属性感知、组织认同、组织信任、集体主义倾向以及募捐动员情境为自变量，人口统计学变量为控制变量，进行多元线性回归，分析结果如表 5 - 5 所示。方差膨胀因子（VIF）均小于 2，表明各自变量和控制变量之间不存在多重共线性。研究结果表明，公益事项属性感知、组织信任、组织认同以及集体主义倾向对个人捐赠数额没有显著的影响，H2，H4，H6，H8 均未得到验证；募捐动员情境对个人捐赠数额有显著的影响；人口统计学变量中教育程度、年收入以及职位对个人捐赠数额有显著的正向影响。在方差分析中个人捐赠数额在不同的性别和年龄之间也存在显著的差异，这可能是因为性别与教育程度（相关系数 = 0.167，$p < 0.001$）、年收入（相关系数 = 0.252，$p < 0.001$）之间，以及年龄与年收入（相关系数 = 0.298，$p < 0.001$）、职位（相关系数 = 0.190，$p < 0.001$）之间存在的显著相关关系。

表5-5   以组织募捐动员中个人捐赠数额为因变量的多元回归分析

变量	模型1		模型2	
	β	VIF	β	VIF
控制变量				
性别	0	1.117	-0.013	1.132
年龄	0.030	1.136	0.026	1.150
教育程度	0.095 *	1.078	0.088 *	1.154
年收入	0.421 ***	1.348	0.392 ***	1.460
职位	0.120 **	1.186	0.106 **	1.212
单位性质	0.029	1.095	0.007	1.130
自变量				
公益事项重要性感知			0.005	1.484
公益事项可接近性感知			0.016	1.357
公益事项与价值观一致性感知			0.031	1.652
组织认同			0.085	1.518
组织信任			-0.011	1.860
集体主义倾向			0.043	1.682
募捐动员情境1			0.120 **	1.568
募捐动员情境2			0.076	1.579
募捐动员情境3			参照变量	
募捐动员情境4			0.130 **	1.575
R^2	0.271		0.301	
F	32.260 ***		14.693 ***	
ΔR^2	0.271		0.030	
ΔF	32.260 ***		2.444 **	

注：*** 表示在0.001水平上显著相关；** 表示在0.010水平上显著相关；* 表示在0.050水平上显著相关。

5.2.4 人口统计特征的调节作用分析

考虑到募捐动员情境和人口统计特征变量均为分类变量，为此，本部分通过多因素方差分析来检验人口统计特征在募捐动员情境和员工捐赠数额之间关系中的调节作用。结果表明，性别、年龄及教育程度的调节作用不显著，H4a，H4b，H4c 未得到验证，而年收入、职位及单位性质的调节作用显著，H4d，H4e，H4f 得到验证。下面分别对这三个变量的调节作用进行分析。

1. 年收入的调节作用

年收入在募捐动员情境与个人捐赠数额关系中的调节作用，结果如表 5 – 6 所示。可以发现，调节作用显著（$F = 2.344$，$p < 0.05$）。不同年收入水平下，募捐动员情境与个人捐赠数额的关系如图 5 – 2 和表 5 – 7 所示。

表 5 – 6　　　　　　　　　　年收入的调节作用检验

来源	离差平方和	自由度	均方	F	Sig.
募捐动员情境	11.931	3	3.977	4.823	0.003
年收入	101.685	3	33.895	41.104	0
募捐动员情境×年收入	17.399	9	1.933	2.344	0.013
R^2	0.283				

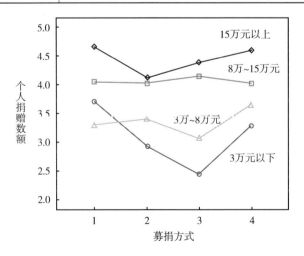

图 5 – 2　募捐动员情境与年收入交互影响折线

表5-7　　　不同年收入水平下，个人捐赠数额在不同募捐动员
情境下的差异和两两比较结果

年收入水平	募捐动员情境	募捐动员情境1	募捐动员情境2	募捐动员情境3	募捐动员情境4	F
3万元以下	募捐动员情境1	3.700				5.703 ***
	募捐动员情境2	0.767	2.933			
	募捐动员情境3	1.258 ***	0.491	2.442		
	募捐动员情境4	0.422	-0.344	-0.836 **	3.278	
3万~8万元	募捐动员情境1	3.309				4.994 **
	募捐动员情境2	-0.094	3.404			
	募捐动员情境3	0.245	0.340 *	3.064		
	募捐动员情境4	-0.337 *	-0.243	-0.582 ***	3.646	
8万~15万元	募捐动员情境1	4.048				0.143
	募捐动员情境2	0.026	4.022			
	募捐动员情境3	-0.106	-0.132	4.154		
	募捐动员情境4	0.023	-0.003	0.129	4.025	
15万元以上	募捐动员情境1	4.667				0.828
	募捐动员情境2	0.549	4.118			
	募捐动员情境3	0.292	-0.549	4.375		
	募捐动员情境4	0.067	-0.482	-0.225	4.600	

注：*** 表示在0.001水平上显著相关；** 表示在0.010水平上显著相关；* 表示在0.050水平上显著相关。

如图5-2和表5-7所示，对于年收入在8万元以上的员工，募捐动员情境不会显著影响他们的捐赠数额。而对于年收入少于8万元的员工，募捐动员情境会显著影响他们的捐赠数额。对于年收入在3万元以下的低收入员工来说，他们在募捐动员情境1即组织者是上级且公开捐赠名单和数额情境下的捐赠数额显著高于在募捐动员情境3即组织者是平级且公开捐赠名单和数额情境下的捐赠数额。两两比较的结果表明，在动

员这部分个人捐赠时，上级组织且公开捐赠名单和数额、平级动员且不公开捐赠名单和数额是较理想的募捐动员方式。对于年收入在 3 万 ~ 8 万元的个人来说，他们在募捐动员情境 4 下的捐赠数额显著高于其他募捐动员情境，在募捐动员情境 3 下的捐赠数额显著低于其他募捐动员情境。这表明，对于这一收入阶段的员工来说，平级组织且不公开捐赠名单和数额是最理想的募捐动员方式，而平级组织且公开捐赠名单和数额是最不高明的募捐动员方式。

2. 职位的调节作用

职位在募捐动员情境与员工捐赠数额关系中的调节作用，结果如表 5－8 所示。可以发现，调节作用显著（$F = 4.572$，$p < 0.01$）。对于不同职位的员工，募捐动员情境与捐赠数额的关系如图 5－3 和表 5－9 所示。

表 5－8　　　　　　　　　　　　职位的调节作用检验

来源	离差平方和	自由度	均方	F	$Sig.$
募捐动员情境	22.008	3	7.336	7.567	0
职位	44.136	1	44.136	45.525	0
募捐动员情境 × 职位	13.298	3	4.433	4.572	0.004
R^2	0.144				

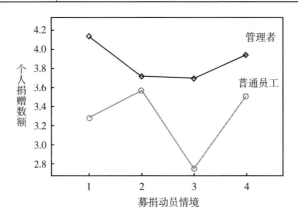

图 5－3　募捐动员情境与职位交互影响折线

表 5 - 9　　　　　　不同职位下，个人捐赠数额在不同募捐动员
情境下的差异和两两比较结果

职位	募捐动员情境	募捐动员情境 1	募捐动员情境 2	募捐动员情境 3	募捐动员情境 4	F
管理者	募捐动员情境 1	4.127				3.039 *
	募捐动员情境 2	0.412 *	3.714			
	募捐动员情境 3	0.435 *	0.023	3.691		
	募捐动员情境 4	0.186	-0.226	-0.249	3.941	
普通员工	募捐动员情境 1	3.286				9.974 ***
	募捐动员情境 2	-0.283	3.569			
	募捐动员情境 3	0.536 **	0.819 ***	2.750		
	募捐动员情境 4	-0.224	0.059	-0.760 ***	3.510	

注：*** 表示在 0.001 水平上显著相关；** 表示在 0.010 水平上显著相关；* 表示在 0.050 水平上显著相关。

如图 5 - 3 和表 5 - 9 所示，管理者和普通员工在不同的募捐动员情境下其捐赠数额均存在显著差异。对于管理者来说，他们在募捐动员情境 1 下的捐赠数额显著高于其他募捐动员情境下的捐赠数额，也就是说，为了促使管理者多捐，上级组织且公开捐赠名单和数额是最理想的募捐动员方式。对于普通员工来说，他们在募捐动员情境 3 下的捐赠数额显著低于其他募捐动员情境下的捐赠数额，也就是说，在动员普通员工捐赠时，一定不能采取平级组织且公开捐赠名单和数额的募捐动员方式。

3. 单位性质的调节作用

单位性质在募捐动员情境与个人捐赠数额关系中的调节作用，结果如表 5 - 10 所示。可以发现，调节作用显著（$F = 4.073$，$p < 0.01$）。不同的单位性质下，募捐动员情境与个人捐赠数额的关系如图 5 - 4 和表 5 - 11 所示。

表 5 – 10　　　　　　　　单位性质的调节作用检验

来源	离差平方和	自由度	均方	F	Sig.
募捐动员情境	32.344	3	10.781	10.292	0
单位性质	3.112	1	3.112	2.970	0.085
募捐动员情境 × 单位性质	12.800	3	4.267	4.073	0.007
R^2	0.075				

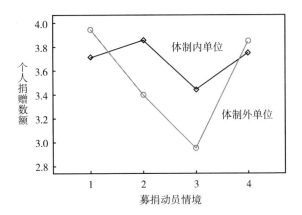

图 5 – 4　募捐动员情境与单位性质交互影响折线

表 5 – 11　　　　　不同单位性质下，个人捐赠数额在不同募捐动员
情境下的差异和两两比较结果

单位性质	募捐动员情境	募捐动员情境 1	募捐动员情境 2	募捐动员情境 3	募捐动员情境 4	F
体制内单位	募捐动员情境 1	3.711				2.270
	募捐动员情境 2	- 0.143	3.853			
	募捐动员情境 3	0.274	0.417 *	3.436		
	募捐动员情境 4	- 0.045	0.098	- 0.320 *	3.756	
体制外单位	募捐动员情境 1	3.942				11.047 ***
	募捐动员情境 2	0.542 **	3.400			
	募捐动员情境 3	0.998 ***	0.456 *	2.944		
	募捐动员情境 4	0.105	- 0.437 *	- 0.893 ***	3.837	

注：*** 表示在 0.001 水平上显著相关；** 表示在 0.010 水平上显著相关；* 表示在 0.050 水平上显著相关。

如图 5 - 4 和表 5 - 11 所示，不管对于体制内单位的员工还是体制外单位的员工来说，募捐动员情境 3 下的员工捐赠数额显著低于其他三种募捐动员情境。对于体制内单位的员工，只要不采取平级组织且公开捐赠名单和数额的募捐动员情境，其他三种募捐动员情境均可，无显著差异。对于体制外单位的员工来说，募捐动员情境 1 即上级组织且公开捐赠名单和数额，募捐动员情境 4 即平级组织且不公开捐赠名单和数额均是较理想的募捐动员情境，募捐动员情境 2 次之。

5.2.5　面子倾向的调节作用分析

本部分分别检验面子倾向的两个维度包括怕丢面子和赢面子在募捐动员情境和员工捐赠数额之间关系中的调节作用。首先对被试进行分组，将赢面子得分大于 12（中位数，因为每个维度有 3 个测项，每个测项的中位数是 4）的被试设定为"赢面子倾向高"的员工，将得分小于等于 12 的被试设定为"赢面子倾向低"的员工；其次将怕丢面子得分大于 12 的被试设定为"怕丢面子倾向高"的员工，将得分小于等于12 的被试设定为"怕丢面子倾向低"的员工。如前所述，面子倾向与情境公开性共同预测个人行为。因此本书仅讨论情境公开性与面子倾向的交互作用。在进行多因素方差分析时，以情境公开性与面子倾向为控制变量，人口统计变量为协变量，数据分析结果如表 5 - 12 和表 5 - 13所示。

表 5 - 12　　　　情境公开性与怕丢面子对个人捐赠数额的交互作用

来源	离差平方和	自由度	均方	F	$Sig.$
控制变量					
情境公开性	2.584	1	2.584	3.154	0.076
怕丢面子	0.008	1	0.008	0.010	0.921
情境公开性×怕丢面子	2.913	1	2.913	3.555	0.060

续表

来源	离差平方和	自由度	均方	F	Sig.
协变量					
性别	0.00003636	1	0.00003636	0	0.995
年龄	0.449	1	0.449	0.547	0.460
教育程度	3.681	1	3.681	4.492	0.035
年收入	76.338	1	76.338	93.159	0
职位	6.367	1	6.367	7.769	0.006
单位性质	0.428	1	0.428	0.522	0.470
R^2	0.279				

表 5-13　　　　情境公开性与赢面子对个人捐赠数额的交互作用

来源	离差平方和	自由度	均方	F	Sig.
控制变量					
情境公开性	0.112	1	0.112	0.138	0.711
赢面子	0.002	1	0.002	0.003	0.956
情境公开性×赢面子	5.641	1	5.641	6.928	0.009
协变量					
性别	0.008	1	0.008	0.010	0.922
年龄	0.660	1	0.660	0.811	0.368
教育程度	4.052	1	4.052	4.977	0.026
年收入	79.343	1	79.343	97.453	0
职位	5.719	1	5.719	7.025	0.008
单位性质	0.239	1	0.239	0.294	0.588
R^2	0.284				

表 5-12 和表 5-13 表明，怕丢面子调节作用不显著（$F = 3.555$，$p > 0.05$），H17a 未得到验证，赢面子调节作用显著（$F = 3.6.928$，$p <$

0.01），H17b 得到验证。不同的面子倾向下，情境公开性与个人捐赠数额的关系如图 5-5 和图 5-6 所示。

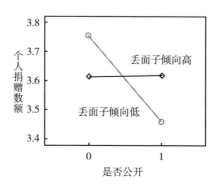

图 5-5　情境公开性与怕丢面子交互影响折线

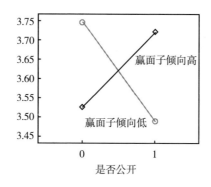

图 5-6　情境公开性与赢面子交互影响折线

如图 5-5 和图 5-6 所示，对于怕丢面子倾向高的个人来说，是否公开捐赠名单和数额不影响他们的捐赠决策，他们的捐赠数额均较高；对于赢面子倾向高的个人来说，公开捐赠名单和数额他们捐赠的更多；对于面子倾向比较低的个人，即那些既不想赢面子也不怕丢面子的个人，他们在不公开捐赠名单和数额时反而比公开时捐赠的更多。

5.2.6　权力距离的调节作用分析

首先对被试进行分组，将得分小于等于 16（中位数，有 4 个测项，每个测项的中位数是 4）的被试设定为"权力距离低"的个人，将权力距离得分大于 16 的被试设定为"权力距离高"的个人。在募捐动员情境方面，本部分仅讨论组织者是上级与否与权力距离的交互作用。如前所述，权力距离仅与上级组织与否发生交互作用。多因素方差分析结果如表 5 - 14 所示。

表 5 - 14　　　组织者是上级与否与权力距离对个人捐赠数额的交互作用

来源	离差平方和	自由度	均方	F	Sig.
控制变量					
组织者是上级与否	1.162	1	1.162	1.408	0.236
权力距离	0.866	1	0.866	1.050	0.306
组织者是上级与否 × 权力距离	0.652	1	0.652	0.791	0.374
协变量					
性别	0.011	1	0.011	0.013	0.909
年龄	0.402	1	0.402	0.487	0.486
教育程度	4.754	1	4.754	5.764	0.017
年收入	69.973	1	69.973	84.841	0
职位	6.994	1	6.994	8.480	0.004
单位性质	0.630	1	0.630	0.764	0.383
R^2	0.274				

可以看出，权力距离调节作用不显著，H18 未得到验证。不同的权力距离感知下，组织者是上级与否与个人捐赠数额的关系如图 5 - 7 所示。通过进一步进行单因素方差分析，发现在高权力距离下，在组织者是上级的募捐动员情境下个人的捐赠数额显著高于组织者是平级的募捐动员情境（$F = 7.967$）；在低权力距离下，个人捐赠数额在两种募捐动员情境下没有显著差异（$F = 2.544$）。

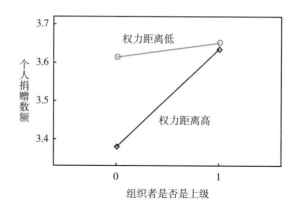

图5-7　组织者是上级与否与权力距离的交互影响折线

5.2.7　压力感知与个人捐赠意愿的中介作用分析

为检验募捐动员情境、压力感知以及个人捐赠意愿对个人捐赠数额的影响，验证第3章3.2中提出的假设，本部分建立如图5-8所示的路径分析模型。

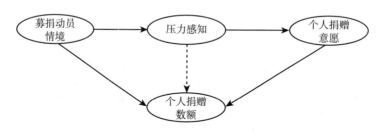

图5-8　募捐动员情境对个人捐赠数额的路径分析模型

注：虚线被证明不显著。

首先检验压力感知在募捐动员情境和个人捐赠数额之间关系中的中介作用，采用层级回归的方法进行检验，结果如表5-15所示。按照温忠麟等（2005）总结的中介效应检验程序，首先检验自变量对于因变量和中介变量的影响。募捐动员情境对压力感知有显著的影响，如表5-5中模型2所示，募捐动员情境对捐赠数额也有显著的影响，满足第一个和

第二个条件。从表 5 - 15 中模型 3 可以看出，当募捐动员情境和压力感知同时进入方程后，压力感知的回归系数显著，而募捐动员情境的回归系数没有消失或减弱，其中动员情境 1 的回归系数反而增加。因此，压力感知在动员情境和捐赠数额之间的关系中没有起到中介的作用，H14 未通过验证。

表 5 - 15 层级回归结果：压力感知和个人捐赠意愿的中介效应

来源	模型 1	模型 2	模型 3	模型 4
控制变量				
性别	0	− 0.010	− 0.021	− 0.026
年龄	0.030	0.029	0.024	0.025
教育程度	0.095 *	0.087 *	0.089 *	0.089 *
年收入	0.421 ***	0.406 ***	0.401 ***	0.395 ***
职位	0.120 **	0.108 **	0.106 **	0.102 *
单位性质	0.029	0.023	0.022	0.020
自变量				
募捐动员情境 1		0.114 *	0.127 **	0.132 **
募捐动员情境 2		0.077	0.086	0.093 *
募捐动员情境 3	参照变量			
募捐动员情境 4		0.138 **	0.132 **	0.130 **
中介变量				
压力感知			− 0.081 *	− 0.045
个人捐赠意愿				0.126 ***
R^2	0.271	0.285	0.291	0.305
F	32.260 ***	22.919 ***	21.204 ***	20.596 ***
ΔR^2	0.271	0.014	0.006	0.014
ΔF	32.260 ***	3.359 *	4.412 *	10.583 ***

注：*** 表示在 0.001 水平上显著相关；** 表示在 0.010 水平上显著相关；* 表示在 0.050 水平上显著相关。

进一步比较模型3和模型4发现，加入个人捐赠意愿这个变量后，压力感知的回归系数由显著变得不显著，而个人捐赠意愿的回归系数显著。结合压力感知对个人捐赠意愿的显著影响（$\beta = -0.285^{***}$，见表4-5）。根据中介效应的检验程序可以得出，个人捐赠意愿在压力感知和个人捐赠数额之间的关系中起完全中介作用。

通过以上两个中介效应的检验，以及压力感知在动员情境与个人捐赠意之间关系中的完全中介效应，募捐动员情境影响个人捐赠数额的路径如图5-8所示，即募捐动员情境通过对员工造成压力，影响其捐赠意愿，进而影响他们的捐赠数额，同时募捐动员情境也直接影响员工捐赠数额，而压力感知对员工捐赠数额的直接影响不显著。

5.3 本章小结与讨论

5.3.1 假设检验结果汇总

根据上述系列实证分析结果，有关组织募捐动员中个人捐赠数额的研究假设检验结果汇总如表5-16所示。

表5-16　　　　　　　　假设检验结果汇总

研究假设	检验结果
H3-2：公益事项属性感知正向显著影响组织动员中个人捐赠数额	不支持
H3-4：组织信任正向显著影响组织动员中个人捐赠数额	不支持
H3-6：组织认同正向显著影响组织动员中个人捐赠数额	不支持
H3-8：集体主义倾向正向显著影响组织募捐动员中个人捐赠数额	不支持
H3-13：个人的捐赠数额在不同的募捐动员情境中显著不同	支持
H3-14：压力感知在募捐动员情境与个人捐赠数额之间的关系中起着中介的作用	不支持
H3-16：个人捐赠意愿正向显著影响个人捐赠数额	支持

续表

研究假设	检验结果
H3-17：面子倾向在募捐动员情境与个人捐赠数额的关系中起调节作用	部分支持
H3-17a：怕丢面子在募捐动员情境与个人捐赠数额的关系中起调节作用	不支持
H3-17b：赢面子在募捐动员情境与个人捐赠数额的关系中起调节作用	支持
H3-18：权力距离在募捐动员情景与个人捐赠数额的关系中起调节作用	不支持
H3-19：人口统计特征不同，个人捐赠数额也显著不同	部分支持
H3-19a：性别不同，个人捐赠数额也显著不同	支持
H3-19b：年龄不同，个人捐赠数额也显著不同	支持
H3-19c：教育程度不同，个人捐赠数额也显著不同	支持
H3-19d：年收入不同，个人捐赠数额也显著不同	支持
H3-19e：职位不同，个人捐赠数额也显著不同	支持
H3-19f：单位性质不同，个人捐赠数额也显著不同	不支持
H3-20：人口统计特征在募捐动员情境与个人捐赠数额的关系中起调节作用	部分支持
H3-20a：性别在组织动员情境与个人捐赠数额的关系中起调节作用	不支持
H3-20b：年龄在组织动员情境与个人捐赠数额的关系中起调节作用	不支持
H3-20c：教育程度在组织动员情境与个人捐赠数额的关系中起调节作用	不支持
H3-20d：年收入在组织动员情境与个人捐赠数额的关系中起调节作用	支持
H3-20e：职位在组织动员情境与个人捐赠数额的关系中起调节作用	支持
H3-20f：单位性质在组织动员情境与个人捐赠数额的关系中起调节作用	支持

5.3.2　讨论

本章运用描述性统计分析、方差分析、多元线性回归以及层级回归分析等方法，分析了组织募捐动员中个人捐赠数额的影响因素，包括人口统计特征、组织信任及认同、集体主义倾向以及公益事项属性感知等，关键是检验了募捐动员情境对个人捐赠数额的影响机理，首先运用方差分析方法检验了募捐动员情境对个人捐赠数额的直接影响作用，接着检验了人口统计特征、面子倾向、权力距离在募捐动员情境和个人捐赠数额之间的调节作用，最后分析了压力感知和个人捐赠意愿在募捐动员情境和个人捐赠数额之间关系的中介作用。研究结果如表5－16所示，以下分别对实证分析结果进行讨论和总结。

（1）集体主义倾向、组织信任及认同、公益事项属性感知均对个人捐赠数额没有显著影响，而这些因素对个人捐赠意愿影响显著，个人捐赠意愿积极正向影响个人捐赠数额，这表明，这些变量通过个人捐赠意愿间接影响个人捐赠数额。这一研究结论符合阿杰曾（Ajzen，1991）提出的计划行为理论，即行为主要受行为意向的影响，而行为态度、行为的主观规范等是决定行为意向本身的因素。

（2）除单位性质外，组织动员中个人捐赠数额分别在不同的性别、年龄、教育程度、年收入以及职位等方面存在显著的差异，男性个人的平均捐赠数额大于女性个人的平均捐赠数额，而且随着年龄的增大，教育程度、年收入的提高以及职位的提升，个人的捐赠数额也显著的增加。关于人口统计特征对捐赠数额的影响，国内外学者得到的结论各不相同，这可能与调研样本量多少，样本所在地以及因变量的测量方式等因素有关。本书的样本年龄主要集中在25～40岁，绝大部分受过高等教育。本书结论丰富了有关人口统计特征与捐赠数额之间关系的研究，可为后来研究者提供借鉴。

（3）方差分析结果表明，个人的捐赠数额在不同的募捐动员情境中显著不同。个人在募捐动员情境1下捐赠数额最大；在募捐动员情境3下，捐赠数额最小。通过两两比较发现，个人在募捐动员情境1、募捐动员情境2、募捐动员情境4下的捐赠数额都显著大于募捐动员情境3下的捐赠数额。通过总结比较发现，在组织者是上级的情况下，公开捐赠名单和数额与否，个人的捐赠数额没有显著差异，而在组织者是平级的情况下，采用不公开的捐赠名单和数额的方式要优于采用公开捐赠名单和数额的方式。

此研究结论丰富和拓展了工作场合中个人捐赠行为的相关研究，同时为社会压力对个人捐赠数额的影响作用提供了新的补充。以往研究仅分析了上级参与或公开捐赠名单和数额对捐赠者造成的社会压力对捐赠数额的影响作用，而没有对二者的结合作用进行探讨。本书表明，上级的逼迫比公开捐赠名单和数额对捐赠者造成的社会压力更大，当上级组织募捐时，公开捐赠名单和数额与否，捐赠者的社会压力都较大，捐赠数额较多。当募捐者是平级时，公开捐赠名单和数额反而会适得其反。这一研究结论对我国组织进行募捐活动具有非常重要的现实指导意义。我国在组织进行募捐活动时，要注意募捐策略的结合应用，如果不分情况，一味地逼迫，对个人施压，反而会引起个人的逆反心理。

（4）人口统计特征中年收入、职位以及单位性质在募捐动员情境和个人捐赠数额的关系中起调节作用。

年收入和募捐动员情境的交互作用表现如下：对于年收入在 8 万元以上的高收入个人来说，不管在何种募捐动员情境下，他们的捐赠数额都没有显著差异。对于年收入在 3 万~8 万元的个人来说，在组织者是平级，不公开捐赠名单和数额的情境下他们捐赠的最多，而在组织者平级，公开捐赠名单和数额的情境下他们捐赠的最少。为了促使这一收入阶段个人捐赠的更多，如果是平级动员，就一定不能公开捐赠名单和数额；如果是上级动员，公开捐赠名单和数额与否对他们的数额影响不大。对于年收入小于 3 万元的低收入个人来说，在组织者是上级，公开捐赠名单和数额的情境下他们捐赠的数额最多，而在组织者是平级，公开捐赠名单和数额的情境下捐赠的数额最少。为了促使低收入个人捐赠的更多，如果是上级动员，尽量采取公开捐赠名单和数额的动员方式，而如果是平级动员，最好不要公开捐赠名单和数额。以上结果表明，高收入个人对动员方式不敏感，对于中低收入的个人，平级动员且公开捐赠名单和数额的动员方式是最不可取的。

职位与募捐动员情境的交互作用表现如下：对于管理者而言，在组织者是上级，公开捐赠名单和数额的情境下他们捐赠的数额最多，而在其他三种募捐动员情境下他们的捐赠数额无显著差异。对于普通个人而言，在组织者平级、公开捐赠名单和数额的情境下他们捐赠的最少，而在其他三种募捐动员情境下他们的捐赠数额无显著差异。因此，为了促使管理者多捐，应尽量采取上级动员且公开捐赠名单和数额的方式。而在动员普通个人捐赠时，应避免采取平级动员且公开捐赠名单和数额的方式。

单位性质与募捐动员情境的交互作用表现如下：体制内单位动员时，平级动员且公开捐赠名单和数额的情境下个人的捐赠数额最低，而其他募捐动员情境下个人的捐赠数额并无显著差异。体制外单位动员时，在平级动员且公开捐赠名单和数额的情境下，个人的捐赠数额最低，而上级动员且公开捐赠名单和数额的情境和平级动员且不公开捐赠名单和数额的情境下，个人的捐赠数额无显著差异且都较多。以上分析表明，不管是体制内单位还是体制外单位，采取平级动员且公开捐赠名单和数额的方式都是最不明智的。

综合以上的调节作用分析结果，不管个人的年收入、职位以及所处的单位性质如何，采取平级动员且公开捐赠名单和数额的动员方式都是不可取的。

（5）将面子倾向分为怕丢面子和赢面子两个维度，分析了面子倾向在组织募捐方式和个人捐赠数额之间关系的调节作用，发现赢面子在募捐方式公开性和个人捐赠数额之间的关系中调节作用显著，怕丢面子倾向的调节作用不显著。具体而言，对于怕丢面子倾向高的个人来说，是否公开捐赠名单和数额不影响他们的捐赠数额；对于赢面子倾向高的个人来说，公开捐赠名单和数额他们捐赠的更多；对于面子倾向比较低的个人，即那些既不想赢面子也不怕丢面子的个人，他们在不公开捐赠名单和数额时反而比公开时捐赠的更多。孙瑾（2014）指出，当个体的面子受到威胁时，该个体对争面子、怕丢面子构成一种强烈的需求。他会为了构建面子，会采取外显行为去保护面子、做面子或求面子等（陈之昭，2006）。本书中，当个人的面子受到威胁时，个人倾向于去捐赠来获得面子。此研究结论进一步证实了面子是情境式的，需透过情境而获得。

本书探讨了在组织募捐活动中面子倾向与情境公开性对个人捐赠数额的交互影响作用，丰富了中国文化背景下面子倾向对个人行为影响的相关研究，尤其是对个人捐赠行为影响的相关研究。对我国组织的启示是，对于面子倾向比较低的个人，宜采用不公开捐赠名单和数额的方式；而对于面子倾向比较高的个人，则宜采用公开募捐的方式。

（6）权力距离感知对个人捐赠数额没有直接影响，且在组织募捐方式与个人捐赠数额之间的关系中调节作用不显著。但分析表明，对于高权力距离感知的个人，其捐赠数额在组织者是上级的募捐方式下显著高于组织者是平级的募捐方式；对于低权力距离感知的个人，其捐赠数额在两种募捐方式下没有显著差异。这与以往有关权力距离的研究一致，当个人权力距离感较高时，对上级的权力会遵从和忠诚，会听从上级的指挥和安排（廖建桥等，2010；Begley et al.，2002）。此研究探讨了在组织募捐活动中个人的权力距离与上级参与与否对个人捐赠数额的交互影响作用，丰富了中国文化背景下权力距离对领导行为的影响作用的相关研究。对我国组织在募捐活动中的启示是，对于高权力距离的个人，采用上级组织的募捐方式更有效；对于低权力距离的个人，上级是否参与组织募捐则无所谓。

（7）层级回归分析结果表明，压力感知和个人捐赠意愿是募捐动员情境和个人捐赠数额之间关系的中介变量，即募捐动员情境通过对个人的造成压力，影响个人的捐赠意愿，进而影响个人的捐赠数额，同时募捐动员情境也直接影响个人捐赠数额。这一研究构建了募捐动员情境到个人捐赠数额的路径影响模型，丰富了情境理论的相关研究。

同时，本书结果表明，压力感知对个人捐赠数额的直接影响不显著，这与国外的研究结论不一致，国外的研究表明社会压力对人们是否捐赠以及捐赠数额存在正向的影响（Shang and Croson，2009；Keating et al.，1981）。但是笔者发现，国外文献是用上级参与、知道他人的捐赠数额等客观条件代表社会压力，而本书测量了个人的心理压力感知，自变量的测量不同，事实上本书中募捐动员情境即国外研究中的社会压力，而本书结果也表明，在上级动员且公开捐赠名单和数额的情境下，个人的捐赠数额最大。因此，本书结论其实与国外的研究结论一致。同时，本书用个人的压力感知测量个人在客观募捐动员情境下自身的心理状态，比国外的研究更准确，也更深入。

第 6 章

"互联网＋"公益下同伴行为
对个人持续公益参与行为的
影响机理研究

6.1 研究假设与模型

同伴行为经常在个人的决策中扮演着重要的作用。很多互联网公益项目是越多人参与才越有意思，那么，当周围有很多人参与时，能否促使参与者持续参与？方便参与是"互联网＋"公益强调的特征之一，可以大大提高参与者的体验，这在促使个人持续参与中发挥什么样的积极作用？不同于传统公益强调付出，帮助他人，"互联网＋"公益在倡导做公益的同时，也关注参与者的利益。个人在参与互联网公益项目的过程中，也可以收获健康、好的生活习惯等，即获得价值。那么，这些价值回报参与者是否认同，并促使他们持续参与？为此，本书基于公益类 App 探讨同伴行为、价值感知对于个人持续公益参与行为的影响机理，本书将持续参与行为分为持续参与意愿和参与频率。以往的研究主要分析了个人持续参与意愿的影响因素，缺乏对实际持续参与行为的影响分析。

这可能源于数据的难获得性，但公益类 App 由于其参与的便利性，使得人们每天都可以轻松参与，这也为数据获得提供了可能。

6.1.1　同伴行为对个人持续公益参与行为的影响

个人在作行为决策时，会参照周围同伴的行为，并趋向于作出一致性的行为。这种现象称之为同伴效应。同伴效应源于人是社会性的动物，其行为经常受到环境中群体行为的影响（易志高等，2019）。对于互联网产品，学者验证了同伴效应对个人持续参与意愿的正向影响作用（洪红和徐迪，2015；肖璇等，2017）。同伴效应在个人公益捐赠行为中也同样重要。史密斯等（Smith et al.，2015）分析了线上募捐的同伴效应，认为同伴捐赠信息可以激励个人提高捐赠数额。我们之前的研究也表明在组织募捐情境下，知晓他人的捐赠信息会影响员工的捐赠数额。为此，可以推断个人持续公益参与行为会受到同伴行为的影响。

H6－1：同伴行为正向显著影响个人持续参与意愿。

H6－2：同伴行为正向显著影响个人的参与频率。

6.1.2　价值感知的中介作用

因此，在顾客感知价值这一概念提出后，很多学者指出顾客感知价值对顾客满意以及顾客忠诚有积极的影响作用（蒋廉雄和卢泰宏，2006；Chen，2015；曹丽等，2016）。

基于顾客感知价值，麦克格拉斯（McGrath，1997）在大部分的非营利组织面临捐赠者流失率居高不下的困境时提出，非营利组织可借鉴企业给顾客创造价值的做法，为捐赠者创造价值，提高捐赠者满意度及保留捐赠者。麦克格拉斯（McGrath，1997）在其研究中论证了捐赠者价值与捐赠者忠诚之间的关系，并提出捐赠者价值的维度构成模型。吉普等（Gipp et al.，2010）从获得（get/benefits）和付出（give/sacrifices）两个方面构建了捐赠者价值维度，获得包括功能价值、社会价值、情感价值、条件价值等维度，付出包括成本、时间和努力等维度。他们同时验证了捐赠者感知价值对其满意度、推荐、持续捐赠意愿的积极影响作用。

在互联网背景下，切尔和莫蒂默（Chell and Mortimer，2014）提出公众在线捐赠的价值感知，包括利他价值、情感价值及社会价值等三个维度，对应顾客感知价值的三维度：功能价值、情感价值、社会价值。本书借鉴切尔和莫蒂默（Chell and Mortimer，2014）的研究成果，将个人参与公益类 App 的价值感知分为利他价值、情感价值及社会价值。

综上所述，本书提出以下假设：

H6－3：价值感知正向显著影响个人持续参与意愿。

H6－4：价值感知正向显著影响参与频率。

根据网络外部性理论，单个顾客从消费某种产品中获得的价值会随消费该产品的顾客数量增加而增加（Katz and Shapiro，1985；邓朝华等，2007）。对于公益类 App 来说，参与者越多，创造的利他价值就越大。对个人而言，好友越多，越有可能创造更大的利他价值，也可能会越好玩，比如蚂蚁森林，大家可以一起种树，互相浇水等。周围参与的人数越多，越可以和更多的好友一起互动，相应地社会价值感知也会更高。有些研究也证明了参与人数规模对于价值感知的影响。杨海娟（2017）的研究指出，身边同伴的微信使用行为影响个人对该行为的价值感知。在本书中，同伴行为不仅直接影响个人持续参与行为，而且通过价值感知间接影响。

H6－5：价值感知在同伴行为与持续参与意愿的关系中起中介作用。

H6－6：价值感知在同伴行为与参与频率的关系中起中介作用。

6.1.3 参与便利性的调节作用

科技让行为公益项目的参与变得更加方便，很多时候人们只需动动手指就可以参与，大大提高了人们的参与体验。在电子商务情境下，学者们研究了网络购物的便利对消费者感知价值及购买意愿的影响，并验证其积极影响的作用（郭国庆等，2013；Mathwick，2002），但并无人验证购物便利性与其他因素的交互作用。本书中，同伴行为创造了一种氛围和环境，参与便利性是参与者体验与社会环境即同伴行为共同影响参与者的价值感知。由此，提出以下假设：

H6-7：参与便利性在同伴行为与价值感知的关系中起调节作用。

综上所述，同伴行为对个人持续公益参与行为的影响机制研究模型如图6-1所示。

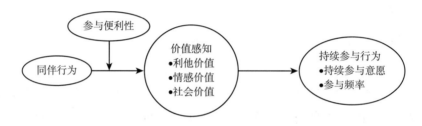

图6-1　同伴行为、价值感知对个人持续公益参与行为影响机制研究模型

6.2　研究设计

6.2.1　问卷设计

项目组采用调查问卷的方法对研究模型进行验证。以公益类App为调查背景。调查问卷共包括三部分，第一部分是关于被试参与公益类App的情况，共三个题项，首先是否参与过蚂蚁森林、小度农庄、熊猫守护者等公益类App，没有参与过则结束答题，其次是参与频率及参与动机的问项。参与频率选项从低到高依次为以前参与过，现在没参与；偶尔参与；经常参与；每天都参与。第二部分是关于同伴行为、感知价值、参与便利性及持续参与意愿的问项。所有量表均借鉴成熟量表，问项如表6-1所示。采用Likert七点量表，从1到7依次为非常不赞同

到非常赞同。第三部分是个人信息，包括性别、年龄、教育程度、职业和年收入。

表 6 - 1　　　　　　　　　　量表问项

变量		问项	参考文献
同伴行为 （PB）		PB1：我身边的很多朋友都在持续参与此公益 App。 PB2：我大部分朋友都在持续参与该公益类 App。 PB3：我觉得未来还会有更多朋友加入并继续参与该公益类 App	肖璇等（2017）、 林和卢 （Lin and Lu，2011）
参与便利性 （PC）		PC1：参加此公益 App 使我做公益变得简单。 PC2：参加此公益 App 对我来说是便利的事情。 PC3：参加此公益 App 让我能掌控我的公益行为。 PC4：参加此公益 App 是一种高效率的公益参与方式	杨毅（2007）、 摄（Ship，2004）
价值感知	利他价值 （AV）	AV1：我关注此公益 App 从事的公益领域。 AV2：我认为我有责任在此公益 App 从事的公益领域中提供帮助。 AV3：在此公益 App 从事的领域中提供帮助对我来说意义重大。 AV4：我认为我能通过参与公益类 App 为我关注的公益领域提供帮助	格林等 （Glynn et al.，2006）、 博尼格克等 （Boenigk et al.，2011）
	情感价值 （EV）	EV1：我享受参与此公益 App 的过程。 EV2：参与此公益 App 是有趣的事情。 EV3：参与此公益 App 使我放松。 EV4：参与此公益 App 使我感到愉快	斯威尼和苏格尔 （Sweeney and Soutar，2001）、 切尔和莫蒂默 （Chell and Mortimer，2014）
	社会价值 （SV）	SV1：参与此公益 App 可以使我更容易被大家接受。 SV2：参与此公益 App 可以改善他人对我的看法。 SV3：参与此公益 App 会帮我给别人留下好印象。 SV4：参与此为公益类 App 有助于我获得社会认可	斯威尼和苏塔尔 （Sweeney and Soutar，2001）、 切尔和莫蒂默 （Chell and Mortimer，2014）

续表

变量	问项	参考文献
持续参与意愿（CIP）	CIP1：我会继续参与到此公益 App 中。 CIP2：我会推荐他人参与到此公益 App。 CIP3：今后我将继续参加此公益 App 而不是其他公益类 App	金等 （Kim et al.，2008）、 赵杨和高婷（2015）

6.2.2　数据收集及样本特征

问卷通过问卷星在线上发放，采取熟人发放和滚雪球的方式。共回收 467 份。去掉无效问卷，有效问卷为 381 份，有效率为 81.6%。样本的人口统计学信息如表 6-2 所示。

表 6-2　　　　　有效样本的人口统计学特征

变量		人数	变量		人数	比率（%）
性别	男	155	年龄	18～24 岁	100	26.2
	女	226		25～30 岁	123	32.3
年收入	2 万元以下	87		31～40 岁	129	33.9
	2 万～4 万元	35		41～60 岁	29	7.6
	4 万～8 万元	117	教育程度	高中及以下	14	3.7
	8 万～15 万元	120		专科	43	11.3
	15 万元以上	22		本科	273	71.7
				硕士及以上	51	13.4

可以看出，样本的女性人数略高于男性。年龄集中在 18～40 岁，这一特点与青年是我国移动互联网公益的主要参与群体的现实相符（彭正银和汪爽，2017）。教育程度中本科及以上学历有 324 人，占 85.1%。年收入集中在 4 万～15 万元。

6.3 实证分析

6.3.1 描述性统计分析

支付宝的蚂蚁森林是被试参与最多的项目,有 360 人使用,其次是微博的熊猫守护者,有 134 人使用,最后是百度的小度农庄,有 80 人使用,还有 7 人参与过其他项目,比如米公益 App 等。在参与动机上,325 人选择"可以做公益",217 人选择"周围很多人在使用",164 人选择"好玩",81 人选择"可获得他人的认可和赞美",59 人选择"可以结交朋友"。可以看出,大部分人都是出于双重动机。

6.3.2 同源偏差分析

本书采用两种方法对同源偏差进行检验。首先采用探索性因子分析的方法。如果未经旋转的第一个主成分小于 50%,说明同源偏差不足以影响研究结论。结果表明,未进行旋转的第一个主成分是 40.0%,没有解释大部分方差,说明同源偏差基本不会对本书结论造成干扰。另外,采用相关系数法进行检验,如果变量间的相关系数小于 0.9,说明同源偏差在可接受的范围内。本书中,变量间相关系数最高为 0.564,说明同源偏差不严重,不会对本书结论造成干扰。

6.3.3 量表的信效度检验

本书采取 Cronbach's α 系数和组合信度对问卷的信度进行检验。如表 6 - 3 所示,所有潜变量的 Cronbach's α 系数和组合信度均大于 0.700,达到相应的要求,说明量表具有较高的信度。

表 6 – 3　　　　　　　　　　量表的信效度检验结果

潜变量	代码	标准化的因子载荷	Cronbach's α	组合信度
同伴行为	PB1	0.715	0.717	0.728
	PB2	0.733		
	PB3	0.610		
利他价值	AV1	0.787	0.799	0.803
	AV2	0.708		
	AV3	0.641		
	AV4	0.701		
情感价值	EV1	0.727	0.781	0.780
	EV2	0.695		
	EV3	0.622		
	EV4	0.697		
社会价值	SV1	0.733	0.835	0.836
	SV2	0.767		
	SV3	0.776		
	SV4	0.717		
参与便利性	PC1	0.708	0.762	0.767
	PC2	0.709		
	PC3	0.576		
	PC4	0.690		
持续参与意愿	CPI1	0.660	0.786	0.737
	CPI2	0.657		
	CPI3	0.766		

验证性因子分析的结果表明，测量模型整体拟合良好：$\chi 2/df = 1.686 < 3$，$GFI = 0.927$，$CFI = 0.963$，$TLI = 0.956$，$IFI = 0.963$，均大于 0.900，

$RMSEA=0.042<0.050$。如表 6－3 所示，所有变量测项的标准化因子载荷系数均超过最低标准 0.500，且均在 0.001 的水平上显著，收敛效度较好。各潜变量的 AVE 值的平方根与潜变量间相关系数如表 6－4 所示，各 AVE 值的平方根均大于潜变量间的相关系数，说明量表的区别效度较好。综上，本书采用的量表效度较好。

表 6－4　　　　　　各变量的描述性统计及区别效度的检验

潜变量	均值	标准差	PB	AV	EV	SV	PC	CPI
同伴行为（PB）	15.672	3.472	0.688					
利他价值（AV）	21.430	3.165	0.343	0.711				
情感价值（EV）	21.822	3.554	0.508	0.516	0.686			
社会价值（SV）	18.074	4.699	0.510	0.362	0.442	0.749		
参与便利性（PC）	21.759	3.309	0.328	0.468	0.424	0.154	0.673	
持续参与意愿（CPI）	15.892	3.448	0.510	0.499	0.564	0.506	0.310	0.696

注：对角线数据为各变量的 AVE 值的平方根。

6.3.4　价值感知维度检验

价值感知的三维度是本书基于切尔和莫蒂默（Chell and Mortimer，2014）的研究提出，他们的量表是基于在线捐赠背景，是否适用于公益类 App，还有待检验。为此，本书首先检验了利他价值、情感价值与社会价值是否参与者价值感知的子维度，建立如图 6－2 所示的模型，并运用 AMOS 20.0 对其进行二阶验证性因子分析。模型的 χ^2 检验及拟合指标如下：$\chi^2=94.110$，在 0.001 水平上显著，模型通过 χ^2 检验；$RMSEA=0.049<0.05$，$GFI=0.958>0.9$，$CFI=0.975>0.9$，$NFI=0.947>0.9$，表明模型的拟合较好。标准化的因子载荷值如图 6－2 所示，各因子载荷均在 0.001 水平上显著，且都满足大于 0.5 的最低标准。拟合指标和因子载荷均表示模型拟合较好，因此，本书应用这个量表是合适的。

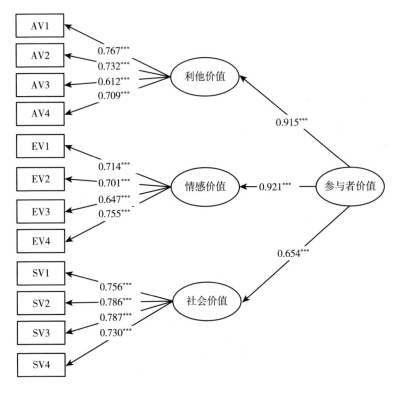

图 6 − 2   参与者价值感知的二阶验证性因子分析

注：*** 表明 $p < 0.001$。

6.3.5   多元线性回归分析

为检验价值感知、同伴行为对个人持续参与意愿及参与频率的影响作用，进行多元线性回归分析，结果如表 6 − 5 所示。模型 1、模型 2、模型 3 以持续参与意愿为因变量，模型 4、模型 5、模型 6 以参与频率为变量。由于两组模型的自变量相同，所以模型 4、模型 5、模型 6 没有报告 VIF 值，每个自变量的 VIF 值与模型 1、模型 2、模型 3 的 VIF 值相同。

表 6 - 5　　　　同伴行为、价值感知对持续参与行为的影响作用检验

变量	以持续参与意愿为因变量						以参与频率为因变量		
	模型 1		模型 2		模型 3		模型 4	模型 5	模型 6
	β	VIF	β	VIF	β	VIF	β	β	β
控制变量									
性别	0.020	1.021	0.035	1.022	0.016	1.079	0.094	0.093	0.064
年龄	0.057	1.552	0.048	1.553	0.050	1.572	−0.027	−0.026	0.001
教育程度	−0.041	1.079	−0.031	1.080	−0.025	1.083	−0.002	−0.002	−0.007
年收入	0.126*	1.528	0.056	1.549	0.076	1.553	0.148*	0.152*	0.163**
自变量									
同伴行为			0.498***	1.026	0.179***	1.601		−0.029	−0.142*
利他价值					0.229***	1.422			0.213***
情感价值					0.268***	1.591		0.174**	
社会价值					0.196***	1.534			−0.108
R^2	0.028		0.270		0.475		0.024	0.025	0.104
ΔR^2			0.242		0.205			0.001	0.079
F	2.708*		27.696***		42.042***		2.321	1.918	5.386***
ΔF			124.102***		48.434***			0.322	10.912***

注：*** 表明 $p < 0.001$，** 表明 $p < 0.01$，* 表明 $p < 0.05$。

从表 6 - 5 可以发现，同伴行为和价值感知三维度对持续参与意愿均有正向显著影响。同伴行为对参与频率没有显著影响，利他价值和情感价值显著正向影响参与频率，社会价值对参与频率没有显著影响。

6.3.6　结构方程模型检验

采用 AMOS 20.0 对同伴行为对价值感知的路径系数进行检验，同时进一步验证价值感知对持续参与意愿的影响作用，建议如图 6 - 3 所示的模型。参与频率不是潜变量，未加入进来。结构方程模型分析结果表明，各路径系数均显著。模型拟合均良好：$\chi 2/df = 1.539 < 3$，$GFI = 0.946$，$CFI = 0.976$，$TLI = 0.972$，$IFI = 0.977$，均大于 0.900，$RMSEA = 0.038 <$

0.050。模型的路径系数如图 6 - 3 所示。

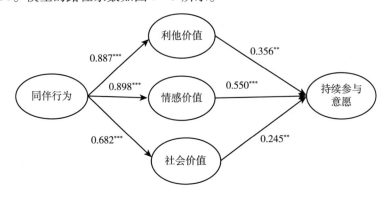

图 6 - 3　路径系数

注：*** 表明 $p < 0.001$，** 表明 $p < 0.01$，* 表明 $p < 0.05$。

6.3.7　中介效应检验

由表 6 - 5 可知，同伴行为对参与频率没有显著影响，因此后面部分不再分析价值感知在同伴行为和参与频率之间的中介作用，仅分析价值感知在同伴行为和持续参与意愿之间关系的中介作用。本书采取 Process 插件的 bootstrap 方法对中介效应进行检验。选择模型 4，加入性别、年龄、教育程度和收入作为控制变量。采取 5000 次重复取样，置信区间为 95%。如果置信区间的上下限之间不包括 0，则中介效应显著（陈瑞等，2013），结果如表 6 - 6 所示。

表 6 - 6　　　　　　　　　　中介效应检验结果

类别	效应	标准差	下限	上限
利他价值的间接效应	0.080	0.043	0.034	0.161
情感价值的间接效应	0.140	0.033	0.074	0.202
社会价值的间接效应	0.097	0.039	0.024	0.173
直接效应	0.178	0.047	0.085	0.271

从表 6 - 6 可以看出，价值感知三维度的间接效应和直接效应的置信区间均不包括 0，效应均显著，说明价值感知三维度均在同伴行为和持续

参与意愿的关系中起部分中介作用。

6.3.8 调节作用检验

本书模型符合 Process 插件中的模型 7,是一个有调节的中介模型。因此,选择模型 7 进行 bootstrap 分析,以检验参与便利性的调节作用。以持续参与意愿为因变量,同伴行为为自变量,价值感知三维度为中介变量,参与便利性为调节变量,性别、年龄、教育程度和收入作为控制变量,分析结果如表6-7所示。

表 6-7 　　　　　　　　参与便利性的调节作用检验结果

中介变量	调节变量	中介效应				有调节的中介效应			
		效应	标准差	下限	上限	指数	标准差	下限	上限
利他价值	参与便利性（低值）	0.084	0.026	0.037	0.140	-0.010	0.004	-0.019	-0.002
利他价值	参与便利性（高值）	0.017	0.016	-0.010	0.056				
情感价值	参与便利性（低值）	0.125	0.038	0.051	0.196	-0.003	0.005	-0.011	0.007
情感价值	参与便利性（高值）	0.105	0.036	0.034	0.174				
社会价值	参与便利性（低值）	0.084	0.033	0.020	0.147	0.003	0.003	-0.002	0.011
社会价值	参与便利性（高值）	0.104	0.421	0.022	0.184				

根据有调节的中介效应指数的置信区间是否包括 0 来判定是否存在有调节的中介效应。若置信区间不包括 0,则效应显著。由表6-7可知,参与便利性对同伴行为通过利他价值影响持续参与意愿的中介效应的指数为 -0.010,置信区间不包括0,说明该调节作用的中介效应显著。其他两个有调节的中介效应不显著。

Process 运算可以反映在调节变量不同取值下的中介效应具体情况,参与便利性是连续性变量,分析时选择对调节变量进行"均值 ±

1 标准差"的高低分组。由表 6 - 7 可知，在参与便利性高组，利他价值在同伴行为和持续参与意愿的关系中的中介效应为 0.017，置信区间 ［- 0.010，0.056］包括 0，表明中介效应不显著，其他情况下，中介效应均显著。

利用 Process 画有调节的中介效应简单斜率图，可以发现在参与便利性高组的利他价值感知高于参与便利性低组的利他价值感知，结果如图 6 - 4 所示。在参与便利性高组，同伴行为对利他价值的影响不显著，在参与便利性低组，同伴行为对利他价值的影响显著。

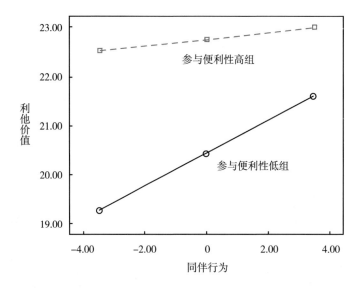

图 6 - 4 不同参与便利性高低组同伴行为对利他价值的影响

6.4 本章小结与讨论

6.4.1 假设检验结果汇总

根据上述系列实证检验结果，本部分研究假设检验结果汇总如表 6 - 8 所示。

表 6 - 8   假设检验结果汇总

研究假设	检验结果
H6 - 1：同伴行为正向显著影响个人持续参与意愿	支持
H6 - 2：同伴行为正向显著影响个人的参与频率	不支持
H6 - 3：价值感知正向显著影响个人持续参与意愿	支持
H6 - 4：价值感知正向显著影响参与频率	部分支持
H6 - 5：价值感知在同伴行为与持续参与意愿的关系中起中介作用	部分支持
H6 - 6：价值感知在同伴行为与参与频率的关系中起中介作用	不支持
H6 - 7：参与便利性在同伴行为与价值感知的关系中起调节作用	部分支持

6.4.2 讨 论

本书基于公益类 App 分析了同伴行为、价值感知对个人持续公益参与行为的影响机制，以参与便利性为调节变量。基于以上分析，得出以下研究结论：

（1）本书首先探究了公益类 App 背景下个人参与者价值的维度构成。目前，暂无学者对基于"互联网 +"公益背景对参与者价值感知进行研究。切尔和莫蒂默（Chell and Mortimer，2014）研究的提出背景是在线捐赠，是否适用于公益类 App，还不得而知。本书通过实证研究进行验证。二阶验证性因子分析结果表明个人参与公益价值感知维度包括利他价值、情感价值及社会价值。

（2）多元线性回归分析结果表明，同伴行为和价值感知三维度对持续参与意愿均有正向显著影响，H6 1 和 H6 3 得到验证。同伴行为对参与频率没有显著影响，H6 - 2 没有得到验证。这个结果表明，同伴效应表现在个人持续参与意愿上，但对于个人的实际参与频率影响并不大。可能的解释是，本书的调研对象全部参与过行为项目，同伴行为可能会促使个人参与，但在推进个人的实际持续参与上的影响不大。现有的研究直接证明了同伴效应对于持续参与意愿的影响作用，但并没有学者验证同伴行为对持续参与频率或持续参与行为的积极影响作用。利他价值和情感价值显著正向影响参与频率，社会价值对参与频率没有显著影响，H6-4得到部分验证。价值感知中社会价值感知积极影响持续参与意愿，但对参与频率没有积极显著影响。这可能与本书中的公益类 App 的特征有关，支付宝、百度和微博的社交属性较弱，人们的实际持续参与频率并不是源于其社会价值。

（3）结构方差模型路径系数检验结果表明，同伴行为对价值感知三维度的系数显著。网络外部性理论表明，个人的价值感知随着参与人数的增加而增加，本书的研究结论进一步证实了网络外部性理论，同时也丰富了同伴行为与价值感知关系的研究。

（4）中介效应检验结果表明，价值感知三维度均在同伴行为和持续参与意愿的关系中起部分中介作用，H6-5部分通过验证。因为同伴行为对参与频率没有直接影响作用，本书并未检验价值感知三维度在同伴行为和参与频率的关系中的中介作用。这一结果表明，同伴行为不仅直接持续参与意愿，而且通过价值感知间接影响，这一结果也与现有的研究结果一致。

（5）调节作用检验结果表明，参与便利性仅在同伴行为与利他价值的关系中起调节作用，H6-7部分通过验证。在参与便利性高组，人们的利他价值感知较高，同伴行为不会增加其利他价值感知。在参与便利性低组，同伴行为会显著增加利他价值感知。而在其他情形下，参与便利性高低，并不会影响同伴行为对情感价值、社会价值的积极影响。这表明，即使人们感觉参与不方便，但同伴的参与会提高人们对参与的价值感知，包括利他价值、情感价值和社会价值。对于利他价值而言，方便参与会提高人们的利他价值感知。

第 7 章

"互联网 +" 公益下社交互动对个人持续公益参与行为的影响机理研究

7.1 研究假设与模型

7.1.1 社交互动的相关研究

社交互动，也有学者称之为社交化互动或人际互动。基于本书背景，本书中社交互动指的是基于移动公益应用社交功能的开发，用户之间的互动行为。现有关于在线社交互动或人际互动的研究主要出现在市场营销/电子商务领域以及信息管理领域。

在市场营销/电子商务领域，社交互动或人际互动是顾客间互动的维度构成之一。相关研究主要基于虚拟社区、社交网络及社会化商务网站背景。根据服务主导逻辑理论，企业与顾客共同创造价值，互动是价值创造的轨迹（Vargo and Lusch，2004）。学者研究了顾客间互动对价值共创意愿、顾客价值的影响。牛振邦等（2015）通过实证研究发现，顾客间互动不仅直接影响顾客价值共创意愿，而且通过品牌体验间接影响。卜庆娟等（2016）基于虚拟品牌社区，发现顾客间互动中人际互动显著影响顾客的娱乐和社会价值。很多学者证明了顾客间互动对顾客满意度（Yoo et al.，2012；王永贵和马双，2013）、顾客忠诚度（Moore et al.，2005；赖元薇，2017）、网络购买意向（范晓萍和马庆国，2009；Li et al.，2013）等态度和行为意向变量的正向影响，也论证了顾客间互动对消费者信任、愉悦体验、自我决定感、认同感等认知变量的影响作用，以及这些认知变量的中介作用（范晓萍和马庆国，2009；王永贵等，2012；Walter et al.，2010；赵宏霞等，2015）。

在信息管理领域，社交互动/人际互动表现为用户间互动。用户间互动是为了获取信息和情感从而在在线平台开展的交流、联系和互动活动（任祥铭，2018）。因此，用户间的互动一方面对用户知识分享（Chiu et al.，2007）、新产品创意（Pee，2016）等非常重要；另一方面也正向影响用户的娱乐体验、爽体验、关系体验、身份认同、虚拟社区感等情感、感知变量，并通过这些变量，影响用户黏性、用户融入、用户持续参与意向及用户共创价值等结果变量（任祥铭，2018；姚山季等，2018；周军杰，2015；涂剑波和陈小桂，2015）。

随着现代通信技术的发展及社会化网站、社交网络的兴起，社交互动在这两个领域的研究正方兴未艾。

7.1.2 研究假设

基于以往研究，构建如图7-1所示从互动→体验→意愿→行为的研究模型。

1. 社交互动对社会临场感与情绪愉悦感的影响

社会临场感（social presence），有学者也称之为社会存在感，用来描述个人对虚拟环境真实程度的主体感知，即是否产生"身临其境"的感

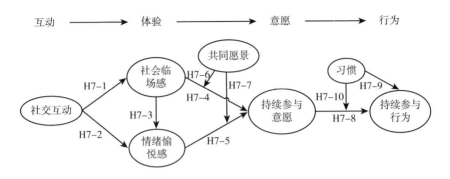

图 7 - 1 社交互动对个人持续参与行为影响的研究模型

觉（郭伏等，2015；Lombard and Jones，2007），也是评价虚拟环境/现实作为传播媒介的重要指标。社会临场感越来越多地被应用于电子商务和信息系统领域（赵宏霞等，2015；毛春蕾，2018）。对于社会临场感，互动性是两大影响因素之一。科伊尔和索森（Coyle and Thorson，2001）、福廷和多拉基亚（Fortin and Dholakia，2005）通过实验研究证明，网站的互动性显著影响人们的社会临场感。赵宏霞等（2015）指出 B2C 网络购物中顾客间互动影响顾客社会临场感。因此，提出以下假设：

H7 - 1：社交互动对社会临场感存在正向影响。

情绪愉悦感是人们参与活动的情感体验或情感结果。刘容和于洪彦（2017）发现在线品牌社区顾客间互动对顾客愉悦体验有直接和间接的显著影响。任祥铭（2018）指出，社交网络的用户间互动通过影响用户的娱乐体验，从而影响用户黏性。因此，提出以下假设：

H7 - 2：社交互动对情绪愉悦感存在正向影响。

2. 社会临场感和情绪愉悦度对持续参与意愿的影响

许多学者证明了社会临场感对顾客/用户持续参与意愿的正向影响作用（原欣伟等，2018；Cheikh - Ammar and Barki，2016），而且也通过情绪愉悦感进行间接影响。郭伏等（2015）采用视线追踪技术和问卷调查方法证明，网络广告的社会临场感通过顾客愉悦感影响顾客行为意向。西尔等（Cyr et al.，2007）基于 B2C 电子商务环境下，指出顾客愉悦感在社会临场感和顾客忠诚之间的关系中起中介作用。因此，提出以下假设：

H7-3：社会临场感对情绪愉悦感存在正向影响。

H7-4：社会临场感对持续参与意愿存在正向影响。

H7-5：情绪愉悦感对持续参与意愿存在正向影响。

3. 共同愿景的调节作用

在本书背景下，共同愿景是个人与移动公益应用所倡导的目标、价值观等一致性程度。在企业管理领域，建立共同愿景是企业战略层次的内容。当企业建立战略联盟时，拥有共同的愿景，双方更愿意进行知识分享，合作绩效的满意度也较高（李林蔚等，2014）。当企业与员工有共同的愿景，学者也将其称之为组织认同，即员工的组织认同较高时，更愿意支持企业，员工的工作绩效较高，也更愿意进行组织公民行为（牛振邦等，2015）。当顾客认同企业的价值主张时，顾客更愿意与企业建立更深入的关系，更愿意进行价值共创活动（Prahalad and Ramaswamy，2004）。在这三种关系下，学者验证了共同愿景的调节作用。李林蔚等（2014）指出共同愿景调节联盟企业的知识获取与知识应用以及知识内化之间的关系，即当联盟企业拥有共同的愿景时，企业从合作伙伴获取的知识应用的程度更高，转化为自有知识的程度也更高。王等（Wang et al.，2017）分析了组织认同在变革型领导和员工工作重塑之间关系中的调节作用。牛振邦等（2015）论证了顾客与企业的价值主张契合在品牌体验、浅层互动和价值共创意愿之间关系中的调节作用。

在公益领域，杜等（Du et al.，2014）验证了个人与微公益的共同愿景调节利他动机与个人参与微公益行为之间的关系，即当共同愿景感知较高时，利他动机对个人微公益参与行为影响作用越强。在本书中，当个人与公益类 App 拥有共同的愿景时，个人更愿意持续付出来实现一致的目标。因此，共同愿景有可能会加强社会临场感、情绪愉悦感与个人持续参与意愿之间的关系。为此，提出以下假设：

H7 – 6：共同愿景调节社会临场感与持续参与意愿之间的关系。

H7 – 7：共同愿景调节情绪愉悦感与持续参与意愿之间的关系。

4. 持续参与意愿、习惯与持续参与行为

计划行为理论表明行为意向是预测行为的最直接变量（Ajzen，1991）。意向是一种有意识的解释因素。习惯作为一种自发的无意识的行为（Limayem and Hirt，2003），也已经被许多信息管理的学者用来解释人们的持续参与行为（陈渝等，2014；Verplanken and Aarts，1999）。随着人们的行为被重复激发，人们的持续行为往往是因为习惯而导致主动意识的意向解释力度减弱。因此，习惯在个人持续参与意愿和持续参与行为之间关系中起负向调节作用（Limayem et al.，2007；孟猛和朱庆华，2018；刘人境和柴靖，2013）。综上，提出以下假设：

H7 – 8：持续参与意愿对持续参与行为存在正向影响。

H7 – 9：习惯对持续参与行为存在正向影响。

H7 – 10：习惯在持续参与意愿和持续参与行为之间的关系中起负向调节作用。

7.2 研究设计

7.2.1 问卷设计

问卷共包括三部分，第一部分是关于个人参与公益类 App 的情况，共两个题项，一是个人是否使用过或正在使用蚂蚁森林、小度农庄、熊猫守护者、米公益、咪咕善跑等公益类 App，没有使用过则结束答题，二是参与频率的问项。第二部分是关于社交互动、社会临场感、情绪愉悦感、共同愿景、持续参与意愿及习惯的问项。所有量表均借鉴成熟量表，问项如表 7 – 1 所示，采用 Likert 七点量表，从 1 到 7 依次为非常不赞同到非常赞同。第三部分是个人信息，包括性别、年龄、教育程度及职业。

表 7 - 1   量表问项

变量	问项		参考文献
社交互动 （SI）	陌生人间 互动（SIS）	SI1：通过使用此公益 App，我认识了和我有相似之处的人	宋和津汉 （Song and Zinkhan，2008） 赖元薇 （2017）
		SI2：使用此公益 App 时，我可以与和我有相似之处的人互动	
	熟人间 互动（SIF）	SI3：通过使用此公益 App，我认识了有意思的人	
		SI4：使用此公益 App 时，我可以与现实中的好友/亲戚进行互动	
		SI5：通过使用此公益 App，我增进了与现实中的好友/亲戚之间的感情	
社会临场感 （SP）	SP1：使用此公益 App 时，有一种与人打交道的感觉。		根芬和斯特劳布 （Genfen and Straub，2004） 赵宏霞等 （2015）
	SP2：使用此公益 App 时，会感觉与好友/亲戚之间存在一种亲近感。		
	SP3：使用此公益 App 时，有一种归属感。		
	SP4：使用此公益 App 时，有一种不再孤单的感觉。		
	SP5：使用此公益 App 时，有一种温馨的感觉		
情绪愉悦感 （EP）	EP1：我很享受使用此公益 App。		希等 （Chi et al.，2012） 刘容和于洪彦 （2017）
	EP2：使用此公益 App 令我愉快。		
	EP3：使用此公益 App 很有趣。		
	EP4：我从使用此公益 App 中获得很多满足		
共同愿景 （SV）	SV1：我认可此公益 App 提倡的价值观和愿景。		莱娜和皮尔 （Leana and Pil，2006）
	SV2：我与此公益 App 有共同的目标。		
	SV3：我愿意为实现此公益 App 的目标贡献自己的力量。		
	SV4：我将自己作为此公益 App 的合作伙伴		

续表

变量	问项	参考文献
习惯 （H）	H7-1：参与此公益 App 对我来说是很自然的事。 H7-2：使用此公益 App 已经成为我生活的一部分。 H7-3：当我想使用移动公益 App 时，会很自然地选择此公益 App	利马耶姆等 （Limayem et al.，2007）
持续参与意愿 （CIP）	CIP1：我会继续参与到此公益 App。 CIP2：我会推荐他人参加此公益 App。 CIP3：今后我将继续参加此公益 App 而不是其他公益 App	金等 （Kim et al.，2008） 赵杨和高婷 （2015）

7.2.2 数据收集

问卷主要通过线上 QQ、微信群及朋友圈，采取让熟人帮忙和滚雪球的方式发放。共回收 362 份，其中有效问卷 279 份，有效率为 77.1%。剔除无效问卷的原则是没有参与过，回答时间过短及答案过于一致等。从表 7-2 可以看出，此次调查样本中，女性占比稍高，18~24 岁的年轻人最多，以本科生为主，这一特点与青年是我国移动互联网公益的主要参与群体的现实相符（彭正银和汪爽，2017）。

表 7-2 有效样本人口统计特征

变量		人数	比率（%）	变量		人数	比率（%）
性别	男	113	40.5	职业	企业工作人员	40	14.3
	女	166	59.5		学生	213	76.3
					其他	26	9.3
年龄	17 岁以下	20	7.2	教育程度	高中及以下	23	8.2
	18~24 岁	224	80.3		专科	24	8.6
	25~35 岁	32	11.5		本科	216	77.4
	36 岁以上	3	1.1		硕士及以上	16	5.7

7.3 实证分析

7.3.1 量表信效度分析

各潜变量的 Cronbach's α 系数和组合信度如表 7 - 3 所示，均大于 0.7，表明量表的信度较高。

表 7 - 3　　　　　　　　量表的信效度检验结果

潜变量		代码	标准化的因子载荷	Cronbach's α	组合信度	AVE
社交互动	SIS	SI1	0.899	0.921	0.923	0.801
		SI2	0.898			
		SI3	0.887			
	SIF	SI4	0.830	0.893	0.898	0.815
		SI5	0.970			
社会临场感		SP1	0.792	0.924	0.922	0.704
		SP2	0.798			
		SP3	0.894			
		SP4	0.904			
		SP5	0.798			
情绪愉悦感		EP1	0.933	0.945	0.948	0.821
		EP2	0.937			
		EP3	0.924			
		EP4	0.826			
共同愿景		SV1	0.821	0.891	0.897	0.686
		SV2	0.886			
		SV3	0.803			
		SV4	0.801			

续表

潜变量	代码	标准化的因子载荷	Cronbach's α	组合信度	AVE
习惯	H1	0.864			
	H2	0.846	0.882	0.885	0.719
	H3	0.833			
持续参与意愿	CIP1	0.836			
	CIP2	0.867	0.796	0.819	0.607
	CIP3	0.608			

各潜变量所有测项的标准化因子载荷系数在 0.600 以上，超过最低标准 0.500，且均在 0.001 的水平上显著，AVE 值在 0.607 ~ 0.821，大于 0.500，表明量表的收敛效度较好。如表 7 - 4 所示，各潜变量的 AVE 值的平方根均大于潜变量间相关系数，说明量表的区别效度较好。因此，本书的量表效度较好。

表 7 - 4　　　　　各变量的描述性统计及区别效度的检验

潜变量	均值	标准差	SIS	SIF	SP	EP	SV	H	CIP
陌生人社交互动（SIS）	14.656	4.469	0.895						
熟人间社交互动（SIF）	9.753	2.767	0.551	0.903					
社会临场感（SP）	24.362	6.694	0.746	0.654	0.839				
情绪愉悦感（EP）	22.918	4.284	0.509	0.359	0.618	0.906			
共同愿景（SV）	22.842	3.912	0.520	0.381	0.565	0.771	0.828		
习惯（H）	16.839	3.680	0.551	0.466	0.545	0.680	0.630	0.848	
持续参与意愿（CIP）	16.169	3.434	0.554	0.438	0.653	0.751	0.668	0.592	0.779

注：对角线数据为各变量的 AVE 值的平方根。

7.3.2　社交互动到持续参与意愿的路径分析

采用 AMOS 20.0 检验社交互动到持续参与意愿的影响路径。持续参与行为需要检验习惯的调节作用。因此，后面运用层级回归分析一并检验持续参与意愿和习惯的影响作用。分析结果表明，社交互动到情绪愉悦感之间的路径系数不显著。去掉这一路径后，模型的拟合指数均有所提高。最终的路径系数如图 7 - 2 所示，模拟拟合指数如下：$\chi2/df = 2.182 < 3$，$GFI = 0.908$，$CFI = 0.972$，$TLI = 0.965$，$IFI = 0.973$，$NFI = 0.951$，均大于 0.900，$RMSEA = 0.065$，$RMSEA$ 大于 0.050 但小于 0.080 表明拟合尚可（易丹辉，2008）。

社交互动到情绪愉悦感的路径系数不显著，是不是通过社会临场感来影响呢？因此，采用层级回归分析的方法对社会临场感在二者之间的中介效应进行检验。层级回归分析表明，社会临场感在二者之间的关系中起完全中介效应。因此，社交互动通过社会临场感来影响情绪愉悦感。

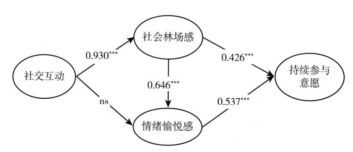

图 7 - 2　社交互动到持续参与意愿的路径系数
注：*** 表明 $p < 0.001$，** 表明 $p < 0.01$，* 表明 $p < 0.05$。ns 表明路径系数不显著。

7.3.3　共同愿景的调节效应分析

通过 SPSS 20.0 层级回归分析检验共同愿景的调节作用。以人口统计学变量为控制变量,持续参与意愿为因变量。分析结果如表 7 - 5 所示。可以发现,共同愿景在社会临场感和持续参与意愿的关系中起调节作用,在情绪愉悦感和持续参与意愿的关系中不起调节作用,H7 - 6 通过验证,H7 - 7 未通过验证。

表 7 - 5　　　　　　以持续参与参与为因变量的层级回归分析结果

变量	模型 1	模型 2	模型 3	模型 4
控制变量				
性别	0.022	- 0.053	- 0.067	- 0.064
年龄	0.074	0.014	0.027	0.029
教育程度	- 0.207 ***	0.019	0.013	0.024
职业	0.033	0.013	0.014	- 0.006
自变量				
社会临场感		0.311 ***	0.285 ***	0.254 ***
情绪愉悦感		0.570 ***	0.455 ***	0.456 ***
共同愿景			0.172 **	0.223 ***
社会临场感 × 共同愿景				0.156 ***
情绪愉悦感 × 共同愿景				- 0.027
R^2	0.044	0.625	0.637	0.654
F	3.119 *	75.706 ***	67.866 ***	56.568 ***
ΔR^2	0.044	0.582	0.011	0.018
ΔF	3.119 *	211.304 ***	8.426 **	6.822 ***

注: *** 表示在 0.001 水平上显著相关; ** 表示在 0.010 水平上显著相关; * 表示在 0.050 水平上显著相关。

为了更直观地揭示共同愿景在社会临场感和持续参与意愿之间的调节作用,分别以高于均值的一个标准差和低于均值的一个标准差为基准描述对于共同愿景水平不同的用户,社会临场感与持续参与意愿之间关系的差别。对于低共同愿景的用户,社会临场感和持续参与意愿之间的系数不显著,仅常数项显著,所以回归方程未显示斜率。如图 7 - 3 所示,当共同愿景感知较高时,社会临场感对持续参与意愿的影响作用增强。

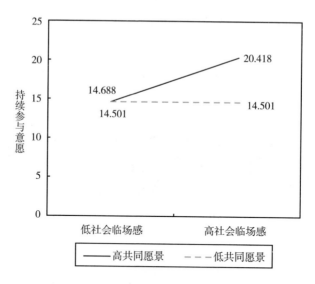

图 7-3 共同愿景对社会临场感与持续参与意愿之间关系的调节效应

7.3.4 持续参与意愿、习惯对持续参与行为的影响

为检验持续参与意愿、习惯的直接影响作用以及习惯的调节作用，以人口统计学变量为控制变量，持续参与行为为因变量，进行层级回归分析。持续参与行为用参与频率来解释。分析结果如表 7-6 所示。持续参与意愿、习惯对持续参与行为的影响作用显著，H7-8 和 H7-9 通过验证。习惯在持续参与意愿与持续参与行为之间的关系中调节作用不显著，H7-10 未通过假设。

表 7-6　　　　以持续参与行为为因变量的层级回归分析结果

变量	模型1	模型2	模型3	模型4
控制变量				
性别	0.183 **	0.173 ***	0.141 **	0.140 **
年龄	0.066	0.034	0.058	0.061
教育程度	-0.241 ***	-0.152 **	-0.108 *	-0.111 *
职业	-0.003	-0.018	0.014	0.024

续表

变量	模型 1	模型 2	模型 3	模型 4
自变量				
持续参与意愿		0.430 ***	0.237 ***	0.222 ***
习惯			0.342 ***	0.341 ***
持续参与意愿 * 习惯				− 0.074
R^2	0.099	0.276	0.348	0.353
F	7.569 ***	20.839 ***	24.230 ***	21.167 ***
ΔR^2	0.099	0.177	0.072	0.005
ΔF	7.569 ***	66.667 ***	30.081 ***	2.167

注：*** 表示在 0.001 水平上显著相关；** 表示在 0.010 水平上显著相关；* 表示在 0.050 水平上显著相关。

7.4 本章小结与讨论

7.4.1 假设检验结果汇总

根据上述系列实证检验结果，本部分研究假设检验结果汇总如表 7 - 7 所示。

表 7 - 7　　　　　　　　假设检验结果汇总

研究假设	检验结果
H7 - 1：社交互动对社会临场感存在正向影响	支持
H7 - 2：社交互动对情绪愉悦感存在正向影响	不支持
H7 - 3：社会临场感对情绪愉悦感存在正向影响	支持
H7 - 4：社会临场感对持续参与意愿存在正向影响	支持
H7 - 5：情绪愉悦感对持续参与意愿存在正向影响	支持
H7 - 6：共同愿景调节社会临场感与持续参与意愿之间的关系	支持

续表

研究假设	检验结果
H7－7：共同愿景调节情绪愉悦感与持续参与意愿之间的关系	不支持
H7－8：持续参与意愿对持续参与行为存在正向影响	支持
H7－9：习惯对持续参与行为存在正向影响	支持
H7－10：习惯在持续参与意愿和持续参与行为之间的关系中起负向调节作用	不支持

7.4.2 讨论

通过对本书的理论模型进行实证检验，得到以下结论：

（1）通过结构方程模型和层级回归分析对公益类 App 中社交互动对持续参与意愿的影响路径进行分析，除了假设 2 未通过验证，其他假设均通过验证，即社交互动积极影响社会临场感，社会临场感对情绪愉悦感及持续参与意愿均有正向影响，情绪愉悦感积极影响持续参与意愿。社交互动对情绪愉悦感的影响虽然不显著，但通过层级回归分析发现，在不加入社会临场感的情况下，社交互动对情绪愉悦感的影响显著，加入社会临场感，系数变得不显著，说明社交互动对情绪愉悦感的影响主要通过社会临场感产生间接影响。总的来说，社交互动活动可以让用户产生社会临场感，而这种社会临场感会积极影响用户的情绪愉悦感，从而促使其持续参与公益类 App。此研究结果丰富了社交互动对持续参与意愿影响的相关研究。

（2）通过层级回归分析检验了共同愿景的调节作用，发现共同愿景在社会临场感与持续参与意愿的关系中起调节作用，即当个人与公益类 App 共同愿景感知较高时，社会临场感对持续参与意愿的影响作用越强。而共同愿景在情绪愉悦感与持续参与意愿的关系中调节作用不显著，说明情绪愉悦感对持续参与意愿的正向影响作用稳定，不受共同愿景水平高低的影响。这可能是因为，情绪愉悦感已经是用户对很多因素体验后的情感结果。回归分析也发现，共同愿景显著影响用户的情绪愉悦感（$\beta = 0.771^{***}$）。因此，共同愿景不调节情绪愉悦感与持续参与意愿之间的关系，直接影响情绪愉悦感。

（3）层级回归分析发现，持续参与意愿与习惯正向显著影响持续参与行为，习惯在持续参与意愿与持续参与行为的关系中没有起到负向调节作用。这一结果与现有研究结果不一致（Limayem et al.，2007；孟猛和朱庆华，2018；刘人境和柴靖，2013）。可能的解释是因为，现有关于习惯的负向调节作用的研究主要以商业 App 用户为背景，而在公益背景下，人们的持续参与行为不仅出于无意识的习惯，而且受主动意识的影响。使用公益类 App 是一种公益行为，受道德感的驱使。为此，这种主动意识的影响不会随着习惯而减弱。

第 8 章

管理启示

8.1　组织募捐动员的管理启示

本书从组织和个人两个层面较全面、系统地分析了工作组织募捐动员中个人捐赠行为的影响因素及机理，重点关注了组织动员情境对个人捐赠行为的影响机理，为我国组织有效开展募捐动员活动提供了以下实践启示。

8.1.1　理解个人在组织动员捐赠中的被动性

本书的结果表明，在组织动员中，个人的捐赠行为往往是迫不得已做出的决策，而发自内心的主动成分较少，可以说是"被动的自愿"。在这一过程中，个人会产生压力，这种压力会使个人产生逼迫感，从而影响个人捐赠的主动性。这种逼迫行为容易使个人产生逆反心理，从而影响个人对组织的看法。另外，在这种集体募捐活动中，个人容易受其他人的影响而在自己不情愿的情况做出捐赠，组织可利用这种逼迫，从而促使捐赠的发生。因此，在实际中，组织采取这种集体募捐活动时，要注意对个人产生的压力程度，适当的压力产生的效果应该是最好的，既不会使个人产生太大的逆反，同时也积极捐赠。

8.1.2　意识到组织动员募捐的局限性

个人捐赠的被动性告诉我们，这种募捐方式不宜多次采用。频繁的募捐不仅会影响个人的捐赠数额，而且会影响个人对组织的信任。而本书的结果显示，只有公益事项本身对社会影响较大时，在组织中动员个人捐赠才会取得较大的成功。因此，采取这种募捐方式时要注意募捐事由，那些程度较大、覆盖范围较广的灾难，或者与个人有密切关系的事由，比如学校的校庆，本组织个人急需钱等，都是较好的募捐事由。而像环保、教育、扶贫等离个人较远，而且影响范围不够大的事由，则不适合采取集中募捐的方式。

8.1.3　采用合理、有效的动员方式

根据本书结论，不同的个人对不同的动员方式的反应不同，因此，针对不同的人员，应该制定不同的动员策略。比如，在动员管理者捐赠时，尽可能采取上级动员，且公开捐赠名单和数额的方式。在动员普通个人捐赠时，一定要避免采取平级动员且公开捐赠名单和数额的方式。比如，动员低收入个人捐赠时，尽量采取公开捐赠名单和数额的动员方式，而对于高收入个人来说，采取何种动员方式都对其捐赠数额影响不大。

另外，本书结果表明，相对于公开捐赠名单和数额，组织者是上级的动员对个人的影响更大。上级在人们的行为决策中起着非常重要的作用，组织要善于利用上级对个人的影响。

在现实生活中，为了促使个人捐赠，组织经常采取公开捐赠名单和数额的方式，而本书的结果表明，公开捐赠名单和数额只有在上级组织的情况下才能发挥较有利的作用，而如果组织者是平级，公开捐赠名单

和数额反而会适得其反，不管是在什么性质的单位中。为此，组织在进行集中募捐时，如果不考虑个人的压力感受，仅为了获得较高的捐赠数额，采取上级动员且公开捐赠名单和数额的方式是最有利的，但是如果考虑到个人的压力感受，采取平级动员且不公开捐赠名单和数额的方式是较明智的。

8.1.4 意识到组织信任及认同在影响组织行为方面的重要性

本书的结论表明，对组织信任及认同的个人，也愿意支持组织，采取对组织有利的行为，愿意在组织动员中捐赠。组织行为领域的研究也告诉我们，个人对组织信任和认同，会促使个人组织公民行为。因此，组织的管理活动应注重提高个人对组织的信任和认同度，不能采取任何破坏个人组织和认同的行为。而在公益活动领域，组织应避免贪污捐款，在募捐时不管个人的实际情况采取强制的手段，规定个人的最低捐赠数额等。

随着人们慈善意识的提高以及网络技术的进步，人们参与慈善的渠道越来越多样化，传统的组织集中募捐的方式越来越受到挑战。在这种情境下，如何利用新技术开发新的募捐方式，实现自己的公益目标以及提供自己的企业形象，是组织面临的新课题。

8.2 "互联网＋"公益的管理启示

本部分的管理启示主要包括两方面，一是对互联网公益项目的管理启示，二是互联网公益项目的设计策略建议。

8.2.1 管理启示

本书分析了同伴行为、社交互动、参与便利性等对个人互联网公益持续参与行为的影响机制，研究结论可提供以下管理启示。

1. 互联网公益项目应重视个人的价值获得感知

以往的公益强调奉献和付出，对于捐赠者的价值关注较少。科技的发展让双方共赢成为可能。互联网公益项目因其价值共赢、方便参与性、科技性取得了非凡的公益成绩。未来的公益项目除了努力提高参与者的公益价值、情感价值及社会价值之外，尽力为参与者创造其他的价值。

2. 营造一种全民参与的氛围

研究结果表明，同伴行为影响着参与者的价值感知和持续参与意愿。当周围有更多人参与时，人们的价值获得感知更高，也更愿意持续参与。而且，从使用动机的调查数据来看，从众排在第二位，说明人们参与公益行为也受到周围同伴的影响。为此，互联网公益项目可利用同伴、好友的作用，吸引更多人加入，获得良性循环。

3. 保持互联网公益项目的参与便利性

研究结果表明，参与便利性在提高人们的利他价值感知方面作用显著。现有的互联网公益项目的便利性都较高，但管理者也要考虑到因为互联网公益项目很多都通过手机 App 实现，安装太多的 App 可能会增加人们的负担。如何利用好现有的手机 App，减少人们安装 App 的烦恼，使得人们在具体参与时也简单、便利，是管理者要关注的问题。

4. 互联网公益项目应增加参与者之间的社交互动，并注重其社会临场感

对于互联网公益项目的社交互动活动，参与者的社会临场感很重要。互联网公益项目的社交互动活动应让用户有真实社交的感觉。管理者可通过增加应用界面的真实感、多种多样的互动方式、丰富的互动内容等方式来实现。

5. 增加参与者的愉悦体验感

社交互动活动应有趣、好玩，提高参与者的情感体验，从而增加参与者的黏性。蚂蚁森林一直都致力于提高参与者的体验，从刚开始只有单独种树，到现在合种爱情树、家庭树等，从以前没有及时收取能量到现在可以帮别人收取能量，它的有趣性在逐步提高。如何保持参与者的新鲜感和有趣体验，是互联网公益项目面临的一个重要课题。

6. 提高用户的共同愿景感知

当用户与移动公益应用有共同的愿景时，往往会事半功倍。管理者可通过介绍、宣传公益应用所倡导的价值观及愿景，还可以向用户展示公益应用取得的成果，以及对公益所做的贡献，从而让用户认可公益应用的价值观和愿景，具有持之以恒的动力，也更愿意付诸实践。

7. 让参与者参与公益成为一种习惯

从研究结论可以发现，习惯对于个人的持续参与行为非常重要，它对个人持续参与行为的解释力度超过了主动意识的意向。培养人们日常参与公益的习惯，可通过参与行为与人们的现实生活结合，增加参与者行为的重要性，与认识的好友一起玩等方式。

8.2.2 互联网公益项目设计策略建议

本书仅对那些需要公众参与的互联网公益项目提供策略建议。笔者主要根据以上实证研究的研究结论以及对成功案例的分析提出结论。与传统公益项目不同，互联网公益项目一个很重要的特征是关注捐赠者的价值，互利共赢。实证研究也表明，捐赠者价值获得对其持续参与行为有正向显著影响。因此笔者在提出设计策略建议时，主要围绕着捐赠者价值展开。图 8 - 1 为设计策略建议框架，主要包括三部分，即价值种类、关键要素及公益模式。

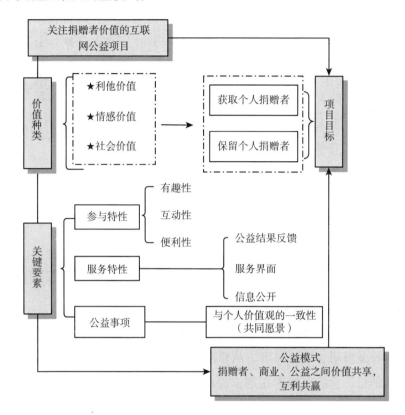

图 8-1　关注捐赠者价值的互联网公益项目设计框架

1. 价值种类

对于需要公众大量参与的互联网公益项目，为公众参与者创造价值可以帮助互联网公益项目获取和保留参与者。根据项目组的研究，互联网公益项目可以为捐赠者创造的价值如下。

（1）利他价值。

互联网公益项目要做好项目阐述工作，明确指明其所从事的公益领域，要做的事情，要达到的公益成果，而且让公众能感觉到有责任参与进该公益项目中来，该项目能否成功完成与每个人息息相关。

备受美誉的蚂蚁森林关注环保领域，以"多种一棵树"为宗旨，倡导用户低碳行为，用低碳行为收集能量，收集的能量可以养一棵虚拟的树。等这棵树成熟，公益组织、环保企业等就会相应在阿拉善沙漠种一棵真实的树。我们可以看到，蚂蚁森林通过将用户简单、易于参与的低碳行为与"种一棵真实的树"联系起来，增强用户低碳行为的意义，从而增大了用户的责任感。而且，随着公众环保意识的提高，为环保出一份力也成为很多人的共识，这也成为蚂蚁森林成功的一大重要因素。

（2）情感价值。

情感价值是参与者从参与的过程中获得的情感效用。研究表明，情感价值是促使用户满意度、获得和保持捐赠者的重要因素。随着互联网技术的发展，公益参与越来越有趣，在吸引公众参与方面发挥了重要作用。互联网公益项目应让参与者乐在其中，享受公益参与的过程，提高参与者的情绪愉悦感，这成为互联网公益项目能否成功获取参与者的重要因素之一。

蚂蚁森林一直致力于提高用户的体验，从刚开始只有单独种树，到现在合种爱情树、家庭树等，从以前没有及时收取能量到现在可以帮别人收取能量，它的有趣性在逐步提高。"用艺术点亮生命"是腾讯公益2017年发布的一个互联网公益募捐项目，一经发布就火爆朋友圈，创造了仅半天就募集到1500万元善款的奇迹。该项目负责人吕涛认为，除画作很美之外，活动有趣也是项目能取得成功的关键原因①。

（3）社会价值。

社会价值是个体通过公益参与获得与社会群体联系、自我认同等方面的效用。互联网公益项目可通过加强参与者与其他参与者之间的互动、联系，或者让参与者有在他人面前展示自己的机会，提高参与者的社会认同感，增强参与者的社会价值感知。另外，公益项目可以把线上公益搬到线下，使线上线下相结合，促进参与者之间的沟通交流，从而也更有利于提高他们的社会价值感知。

---

① 夏振彬：《广州日报："一元购画"能给公益什么启示》，人民网，2017年8月31日。

社交性一直是蚂蚁森林的短板，为了克服这一问题，蚂蚁森林增加了用户之间互动的环节，比如互相偷能量，收能量，好友能量排名等。很多互联网公益项目组织了线下行走募捐活动，参与人数和取得的结果，都成绩斐然。

2. 关键要素

（1）参与特性。

在参与特性方面，互联网公益项目可以提高其有趣性、互动性与便利性。如上文所述，有趣性可以提高参与者的情感价值，互动性可以提高参与者的社会价值与情感价值，便利性可以增强参与者的利他价值感知。纵观那些成功的互联网公益项目，都普遍具有这些特征。蚂蚁森林，参与便利、努力增加趣味性和互动性体现在"用艺术点亮生活"。"米公益" App 参与便利体现在"米知"部分用户可以通过答题获取知识，具有一定的趣味性。

（2）服务提供。

这里的服务提供包括公益项目提供的结果反馈、优质的服务界面及信息公开。本书中，项目组虽然没有用实证研究证明向公众反馈结果可以促进公众参与，但是项目负责人的其他研究表明，非营利组织的沟通反馈对个人的捐赠行为有正向的促进作用（杜兰英等，2012）。因为互联网公益项目是个人在手机界面上完成参与的，优质的界面呈现可以提高参与者的体验（陈晔等，2018），也可以提高参与者的社会临场感。因此，优质的服务界面是互联网公益项目成功的不可或缺的一项因素。信息公开是慈善组织依法应履行的义务，民政部颁发的《慈善组织信息公开办法》对此进行了规定。在一些火爆的互联网公益项目背后，有很多质疑的声音出现，主要是因为互联网公益透明度不高，公众信任缺失。互联网公益项目信息公开，用透明口袋打消公众的疑虑，是其提供的最基本的服务。

蚂蚁森林非常重视向用户提供公益反馈。它开发了实时看树功能，用户可以通过该功能看见千里之外自己种的树，也能看到蚂蚁森林种植的一大片树林，感受大地的生态变化。蚂蚁森林的界面以绿色为主，与其公益主题紧密联结，界面服务流畅、清晰，为用户提供了良好的体验。深圳"壹基金"在信息公开度和透明度一直表现优异，主动定期在其基金会的网站、公众号、微博上公示捐款捐物的来源、金额或数量、去向的信息。

（3）公益事项。

公益事项是互联网公益项目所选择从事的公益领域。公益项目的公益事项定位影响着其能获得的捐赠收入（侯俊东，2009）。因此，互联网公益项目要认真选择其要从事的公益事项，这在很大程度上决定着其对个人的吸引力。共同愿景可以为这一现象进行解释。共同愿景即个人与互联网公益项目所倡导的目标、价值观等的一致性程度。当个人与该公益项目具有共同的愿景，即个人认可其所从事的公益事项，也就愿意为这一领域贡献自己的一份力量。本书的研究结论也表明，共同愿景增强了个人的持续参与意愿。因此，互联网公益项目在选择好从事的公益事项的基础上，重点营销那些关注该公益领域的个人，可能会事半功倍。同时，也要做好公益项目的价值观及愿景宣传工作，让更多的人认可该项目。

3. 公益模式

在"互联网＋"背景下，公益模式创新是大势所趋。传统的公益模式更多的关注受捐者的利益。"互联网＋"公益下，如何实现公益、商业、捐赠人之间多方共赢，已成为很多从业者的共识。这方面，"路人甲公益"是典范。2015年，"路人甲公益"接连荣获"年度公益项目奖""年度十大杰出创益项目""年度最佳公益组织"等多个大奖。它是一个带有答谢机制的公众小额捐赠平台，倡导10元小额捐赠，捐款人在捐款后，不仅可定期获得所捐赠项目的进展反馈，还可兑换合作商家的超值优惠券或在线服务。这一"惠捐模式"使得捐款人也可获得价值回报，实现了公益、商业、捐款人之间的互惠共赢。路人甲也由于其独特的公益模式，创造出 23% 的中国最高复捐率（韩靖，2015）。

　　互联网公益项目天然带有互联网基因，互联网技术更新换代，发展迅速，对公益领域来说，是挑战更是机遇。公益模式创新是公益领域将这一挑战转化为机遇的重要应对举措。

第 9 章

总结与展望

9.1 研究总结

本书对组织募捐动员中的个人捐赠行为包括个人捐赠意愿、个人捐赠数额和"互联网＋"公益中个人持续参与行为的影响因素和影响机制进行了分析。在组织募捐动员进行捐赠是我国个人之前经常采取的线下捐赠形式，而随着"互联网＋"公益的蓬勃发展，参与线上公益日益成为个人参与公益的常态。关于组织募捐动员中个人捐赠行为在学术界研究不多，"互联网＋"公益是新型公益模式，相关实践和研究都处于发展阶段。本书对两种个人公益行为进行研究，对相关领域的研究都是有益的补充。

本书运用定性和定量相结合的研究方法开展研究工作，基于理论基础和相关研究提出研究模型和研究假设，运用调查问卷的方法对研究模型进行验证，在收集问卷之后进行实证分析，得出相关研究结论，根据研究结论对组织募捐和"互联网＋"公益的管理提出建议策略。

9.2 理论贡献

9.2.1 组织募捐动员中个人捐赠行为研究的理论贡献

本书从组织层面以及个人层面对组织募捐动员中个人捐赠行为的影响因素及机理进行分析，理论贡献主要体现在以下四个方面。

第一，丰富组织行为学中我国员工组织公民行为的研究。基于组织动员的个人捐赠行为，是一种组织支持行为，属于中国员工特有的组织公民行为（Farh et al.，2004），本书首次对这一行为的影响因素及机理进行分析，丰富了组织行为学中关于我国员工组织公民行为的研究。

第二，丰富了我国工商管理学领域关于个人捐赠行为的研究。我国工商管理学领域的学者主要对个人直接捐赠给非营利的行为进行了研究，而关于组织动员中的员工捐赠行为主要出现在社会学领域，但是他们主要着重于对这一捐赠行为的捐赠数额、捐赠频率等社会现象的描述，而缺乏对组织动员与员工捐赠行为的影响关系进行探析。本书丰富了我国工商管理领域关于个人捐赠行为的研究。

第三，本书首次提出募捐动员情境这一新概念，并对其进行定义和测量，这是本书的概念贡献。在此基础上，本书分析了组织募捐动员情境对于个人捐赠行为的影响机制，构建了组织募捐动员情境影响个人捐赠行的路径模型，丰富了有关情境理论的研究。

第四，将社会动员理论应用到管理学领域，拓展了动员理论的研究范畴。国内外有关社会动员的研究主要集中在社会学、政治学以及历史学领域，而鲜少出现在管理学领域。本书分析了组织募捐动员对个人捐赠行为的影响作用，丰富了学术界有关动员理论的研究，为动员理论的应用提供了一个新的研究领域。

9.2.2 "互联网+"公益中个人持续公益参与行为的研究理论贡献

本书以公益类 App 为例探讨了"互联网+"公益中个人持续公益参与行为的影响因素及影响机理，理论贡献主要体现在以下五个方面。

第一，互联网公益是新兴事物，国内外现有关于个人互联网公益参与行为的研究较少，从管理学角度进行的研究更是少之又少，本书丰富了这一相关领域的研究。

第二，本书丰富了捐赠者价值感知的相关研究，以往关于捐赠者价值感知的研究都是基于传统线下捐赠或者是在线捐赠，没有涉及新型"互联网+"公益项目。而新型"互联网+"公益项目一个很重要的特征就是各方互利共赢。本书通过实证研究验证了新型"互联网+"公益项目中捐赠者价值的维度构成及其对个人持续参与行为的影响，研究结果对捐赠者价值是一个有益的补充。

第三，本书从同伴效应理论、价值感知视角分析了个人持续参与公益项目的影响机制，对于个人公益项目持续参与行为提供了一个有趣的视角以及解释机制，同时对同伴效应理论也是一个有益的补充。

第四，随着社交网络的兴起，社交互动的相关研究正方兴未艾。本书分析了社交互动、社会临场感对个人公益持续参与行为的影响路径，研究结果丰富了社交互动、社会临场感的相关研究。

第五，引入共同愿景作为调节变量检验了社会临场感与持续参与意愿之间的关系。社会临场感是公益类 App 的设计层面，共同愿景是目标、价值观层面，从两个层面揭示个人持续参与意愿的影响机理，研究结果更加丰富。

9.3 研究不足与展望

9.3.1 研究不足

虽然本书得出了一些有意义的结论，但不可否认，本书也存在一些局限性。

第一，在研究组织募捐动员中个人捐赠行为时，由于问卷调查内容涉及捐赠这一道德行为，考虑到陌生人可能对这一调查的本能抵抗，笔者采取寻找熟人发放在本单位发放问卷的方式，这样的方式回收率高，而且可以全面调查各种单位性质的组织情况，但是样本的随机性以及代表性是否足够广泛还有待检验。

第二，本书首次提出募捐动员情境的概念，并进行定义及测量，但概念的精准性和全面性可能还不够。例如在设计募捐动员情境时，没有对相应的公益动员事项进行控制，可能会影响研究结果。

第三，本书以公益类 App 为例，研究了个人公益持续参与行为的影响机制，但是否适用于其他互联网公益项目还不得而知，未来可进一步扩展到其他互联网公益项目。

第四，本书仅分析了同伴行为、社交互动、参与便利性等特征对个人公益持续参与行为的影响机制，其他因素如界面呈现特征、公益结果反馈等对个人公益持续参与行为的影响还有待挖掘。

第五，本书主要采取调查问卷的方式对研究内容进行分析，避免不了调查问卷方法固有的缺陷，如参与者在填写问卷时是否根据自己的真实情况作答，还是仅应付填写任务而随机作答？参与者当时的情绪状况如何？是否对所有题型进行认真作答？这些因素都会对问卷的质量有所影响，从而可能影响最终的研究结论。

9.3.2　研究展望

基于上述研究不足，以及学术研究的不断深入需求，未来可在以下方向进行分析探索。

第一，本书在设计募捐动员情境时控制了两个维度包括动员的组织者和公开策略，对于公益事项没有进行控制，而相关文献表明，个人捐赠者在做出捐赠决策时，会由于其自身的经历、价值观等而偏好某公益事项（Supphellen and Nelson，2001），因此在后续研究中可控制公益事项这一维度，从而更准确、深入地分析动员情境对员工捐赠行为的影响作用。

第二，为了更准确地测量个人捐赠数额在不同募捐动员情境中的差异，可采取实验研究方法进行分析，通过控制不同的变量，比较员工在不同的动员情境中实际的捐赠数额。运用实验研究的方法得到的捐赠数额结论是对本书结果的一种有效补充。

第三，本书仅分析组织的动员方式对员工捐赠行为的影响，未来可分析组织的"管理行为"如组织关于捐赠项目的宣传与沟通，组织关于捐赠项目的"组织"与安排等对员工捐赠行为的影响作用。

第四，本书结论发现组织认同对个人捐赠意愿没有直接影响，在预研究中发现人们会捐赠是基于集体荣誉感，那么集体荣誉感是否比组织认同更能影响员工捐赠意愿？以及预研究结论中出现频率较高的从众心理对员工的捐赠行为影响如何？如何影响？是否还有其他影响因素？未来可进一步进行探讨。

第五，本书仅在定性研究中对个人在组织募捐动员中的捐赠行为和直接捐赠给非营利组织和受益人的行为的差异进行了比较分析，未来可运用实证分析的方法对此进行验证分析。

第六，丰富社交互动这一变量的内涵和维度。本书根据拜伦和哈里斯（Baron and Harris，2010）的研究，将社交互动分为与陌生人互动和熟人互动。社交互动方式与分类很多（李志兰，2015），未来可进一步深入探讨。

第七，目前一些互联网公益项目在探索给捐赠者优惠券的回馈，这些物质回馈会怎样影响捐赠者的心理，会不会促使他们捐赠得更多？还是不再捐赠？未来可进行探讨。

第八，研究结果表明，捐赠者价值感知会影响捐赠者的持续行为，但本书仅分析了同伴行为的影响因素，还有哪些因素会影响捐赠者的价值感知？这些因素的挖掘可能对促进捐赠者持续参与有重要作用。

第九，习惯和共同愿景的影响因素的探讨。本书结论表明，习惯对于用户持续参与很重要，但是如何培养习惯，即习惯的影响因素，目前的研究尚比较缺乏。共同愿景也可促进个人的持续参与行为，但如何提高个人的共同愿景感知，目前的研究成果还不是很丰富。

参 考 文 献

［1］安利爱心驰援地震灾区人民累计捐款已达 1600 万元 ［EB/OL］.
凤凰资讯，2008 – 05 – 20.

［2］宝洁携手希望工程 15 年 ［EB/OL］. 网易财经，2011 – 06 – 13.

［3］毕向阳，晋军，马明洁，何江穗. 单位动员的效力与效度：对我
国城市居民"希望工程"捐款行为的社会学分析 ［J］. 社会学研究，
2010（6）：149 – 177.

［4］卜庆娟，金永生，李朝辉. 互动一定创造价值吗？顾客价值共创互
动行为对顾客价值的影响 ［J］. 外国经济与管理，2016，38（9）：21 – 37.

［5］曹丽，李纯青，高杨，马军平. 积分联盟感知价值及其影响因素
对客户忠诚的影响：价格敏感度的调节作用 ［J］. 管理评论，2016，28（2）：
103 – 115.

［6］陈瑞，郑毓煌，刘文静. 中介效应分析：原理、程序、Bootstrap
方法及其应用 ［J］. 营销科学学报，2013，9（4）：120 – 135.

［7］陈天翔，姚明. 个人捐赠非营利组织的行为影响因素研究 ［J］.
浙江大学学报（人文社会科学版），2012，42（4）：114 – 131.

［8］陈晔，王潇，李中. 服务界面感知对顾客间互动与体验共创的
影响研究 ［J］. 软科学，2018，32（2）：130 – 133.

［9］陈渝，毛姗姗，潘晓月，等. 信息系统采纳后习惯对用户持续使
用行为的影响 ［J］. 管理学报，2014，11（3）：408 – 415.

［10］陈之昭. 面子心理的理论分析与实际研究 ［A］. 翟学伟. 中
国社会心理学评论（第 2 辑）［C］. 北京：社会科学文献出版社，2006：
107 – 160.

[11] 楚北网. 米公益荣获第七届中国公益节年度公益传播奖 [EB/OL]. 北京斗牛士文化传媒有限公司, 2018 - 01 - 30.

[12] 崔洛燮. 中韩文化差异对跨国公司组织信任的影响实证研究 [D]. 北京: 清华大学博士学位论文, 2006.

[13] 邓朝华, 鲁耀斌, 张金隆. 基于 TAM 和网络外部性的移动服务使用行为研究 [J]. 管理学报, 2007, 4 (2): 216 - 221.

[14] 邓玮. 城市居民慈善意识影响因子分析及动员策略 [J]. 重庆大学学报 (社会科学版), 2013, 19 (3): 143 - 150.

[15] 杜兰英, 赵芬芬, 侯俊东. 基于感知视角的非营利组织服务质量、捐赠效用对个人捐赠意愿影响研究 [J]. 管理学报, 2012, 9 (1): 89 - 96.

[16] 郭伏, 孙宇, 林博昭, 等. 网络广告设计要素、临场感及顾客行为意向关系研究 [J]. 人类工效学, 2015, 21 (3): 14 - 20.

[17] 郭国庆, 周健明, 姚亚男. 网站体验营销对网站品牌形象和用户体验价值的影响研究 [J]. 经济与管理评论, 2013, 29 (6): 58 - 65.

[18] 韩靖. 做公益, 筹钱更要筹人 [EB/OL]. 人民网, 2015 - 09 - 08.

[19] 韩雪松. 影响员工组织认同的组织识别特征因素及作用研究 [D]. 成都: 四川大学博士学位论文, 2007.

[20] 何光喜. 被动的自愿: 作为社会参与的慈善捐赠——对四城市个人慈善捐赠行为的多因素分析 [D]. 北京: 北京大学学位论文, 2002.

[21] 洪红, 徐迪. 移动社交应用的持续参与意愿影响因素研究 [J]. 经济管理, 2015, 37 (5): 40 - 50.

[22] 洪天云. 组织动员与村域经济发展关系研究——以重庆市黔江区为例 [D]. 重庆: 西南大学博士学位论文, 2012.

[23] 侯俊东, 杜兰英. 影响个人捐赠决策的感知特性及其维度结构 [J]. 公共管理学报, 2011, 8 (2): 109 - 128.

[24] 侯俊东. 非营利组织感知特性对个人捐赠行为影响研究 [D]. 华中科技大学学位论文, 2009.

［25］胡先晋.中国人的脸面观［M］//翟学伟.中国社会心理学评论（第2辑）.北京：社会科学文献出版社，2006：1-17.

［26］环球网.百度地图"小度农庄"公益再发起，让绿色出行充实你的十一黄金周［EB/OL］.2019-09-24.

［27］黄镔云.福建省部分农村进城务工人员回乡捐赠行为研究［D］.厦门大学学位论文，2007.

［28］蒋廉雄，卢泰宏.形象创造价值吗？——服务品牌形象对顾客价值-满意-忠诚关系的影响［J］.管理世界，2006（4）：106-114.

［29］荆楚网.丝宝集团：用公益慈善演绎生活之美［EB/OL］.2012-11-08.

［30］赖元薇.全球品牌利用社交媒体内容营销提升品牌忠诚度的机制研究［D］.对外经济贸易大学学位论文，2017.

［31］李林蔚，蔡虹，郑志清.战略联盟中的知识转移过程研究：共同愿景的调节效应［J］.科学学与科学技术管理，2014（8）：29-38.

［32］李志兰.顾客间互动研究综述与展望［J］.外国经济与管理，2015，37（12）：73-85.

［33］廖建桥，赵君，张永军.权力距离对中国领导行为的影响研究［J］.管理学报，2010，7（7）：988-992.

［34］林语堂.吾国与吾民［M］.台北：远景出版社，1977.

［35］刘晨光.青年白领参与微信公益活动影响因素实证研究——基于广州青年白领参与微信公益活动的调查［J］.东南传播，2017（4）：38-43.

［36］刘凤芹，卢玮静.社会经济地位对慈善捐款行为的影响［J］.北京师范大学学报（社会科学版），2013（3）：113-120.

［37］刘能.中国都市地区普通公众参加社会捐赠活动的意愿和行为取向分析［J］.社会学研究，2004（2）：68-78.

［38］刘人境，柴婧.SNS社交网络个人用户持续使用行为的影响因素研究［J］.软科学，2013，27（4）：132-135.

［39］刘容，于洪彦.在线品牌社区顾客间互动对顾客愉悦体验的影

响 [J]. 管理科学, 2017, 30 (6): 130 – 141.

[40] 刘威. 慈善资源动员与权力边界意识: 国家的视角 [J]. 东南学术, 2010 (4): 53 – 60.

[41] 刘武, 杨晓飞, 张进美. 城市居民慈善行为的群体差异 [J]. 东北大学学报 (社会科学版), 2010 (10): 426 – 432.

[42] 刘艳明. 居民慈善捐赠行为研究 [D]. 中南大学学位论文, 2008.

[43] 陆岩. 普通公众捐赠行为特征分析 [D]. 兰州大学学位论文, 2009.

[44] 罗公利, 刘慧明, 边伟军. 山东省私人慈善捐赠因素的实证分析 [J]. 青岛科技大学学报 (社会科学版), 2009 (3): 56 – 61.

[45] 罗俊, 叶航, 汪丁丁. 捐赠动机、影响因素和激励机制: 理论、实验与脑科学综述 [J]. 世界经济, 2015 (7): 165 – 192.

[46] 毛春蕾, 袁勤俭. 社会临场感理论及其在信息系统领域的应用与展望 [J]. 情报杂志, 2018, 37 (8): 186 – 194.

[47] 孟猛, 朱庆华. 移动社交媒体用户持续使用行为研究 [J]. 现代情报, 2018 (1): 5 – 18.

[48] 牛振邦, 白长虹, 张辉, 等. 浅层互动能否激发顾客价值共创意愿——基于品牌体验和价值主张契合的混合效应模型 [J]. 科学学与科学技术管理, 2015, 36 (11): 112 – 123.

[49] 欧阳卓飞. 市场营销调研 [M]. 北京: 清华大学出版社, 2006.

[50] 彭正银, 汪爽. 青年网民移动社交网络持续参与意愿影响机制研究——基于网络外部性视角 [J]. 中国青年研究, 2017 (12): 67 – 72.

[51] 钱玲, 杜兰英, 侯俊东. 微公益特征因素解析及对个人公益参与行为的影响 [J]. 管理科学, 2019, 32 (3): 120 – 134.

[52] 任祥铭. 用户互动、情感依恋与用户粘性的关系研究——基于依恋决定理论和情感作用机理的分析 [J]. 燕山大学学报 (哲学社会科学版), 2018, 19 (3): 88 – 96.

［53］沈镕荣，李传雅，郑洁．"指尖上的爱心"大学生对网络公益参与行为的调查报告：以宣城市为例［J］．中国市场，2017（22）：113－117.

［54］孙谨．基于风险厌恶和面子需求视角的顾客忠诚驱动机制分析——以中国和新加坡保险服务业为例［J］．管理评论，2014，26（7）：115－124.

［55］孙立平，晋军，何江穗，毕向阳．动员与参与：第三部门募捐机制个案研究［M］．杭州：浙江人民出版社，1999.

［56］涂剑波，陈小桂．用户与用户的互动、共创用户体验和用户共创价值的关系——以非交易类虚拟社区为例［J］．武汉理工大学学报（社会科学版），2015，28（5）：942－948.

［57］王国保，宝贡敏．中国文化背景下知识共享的维度与测量［J］．现代管理科学，2010（3）：16－18.

［58］王丽．微公益与自媒体时代的存在焦虑［J］．宁波大学学报（教育科学版），2014（6）：15－18.

［59］王永贵，马双，孙彬．自我决定感在顾客互动与社区满意间的中介作用：基于 S－O－R 理论和自我决定理论的实证研究［J］．山西财经大学学报，2012（8）：99－107.

［60］王永贵，马双．虚拟品牌社区顾客互动的驱动因素及对顾客满意影响的实证研究［J］．管理学报，2013，10（9）：1375.

［61］温忠麟，侯杰泰，张雷．调节效应与中介效应的比较和应用［J］．心理学报，2005，37（2）：268－274.

［62］西奥多·H·波伊斯特．公共与非营利组织绩效考评：方法与应用［M］．北京：中国人民大学出版社，2005.

［63］肖璇，王铁男，郝凡浩．社会影响理论视角的社交媒体持续参与研究［J］．管理科学学报，2017，20（11）：49－60.

［64］谢晔．利他人格和情境因素对于个体捐赠决策的影响［J］．心理与行为研究，2013，11（4）：535－540.

［65］徐家良．危机动员与中国社会团体的发展［J］．中国行政管

理，2004（1）：74 – 80.

[66] 杨海娟. 微信环境下用户适应性信息分享行为影响因素研究——基于规范性压力和社交价值的"推—拉"视角 [J]. 情报科学，2017，35（8）：134 – 140.

[67] 杨龙. 经济发展中的社会动员及其特殊性 [J]. 天津社会科学，2004（4）：52 – 54.

[68] 杨团. 中国慈善发展报告（2018）[M]. 北京：社会科学文献出版社，2019.

[69] 杨毅. 互联网渠道顾客感知价值研究 [D]. 大连理工大学学位论文，2007.

[70] 姚山季，王富家，刘德文. 内容型虚拟社区中的用户互动和融入：身份认同的中介效应 [J]. 商业经济与管理，2018，38（2）：64 – 78.

[71] 易丹辉. 结构方程模型：方法与应用 [M]. 北京：中国人民大学出版社，2008.

[72] 易志高，李心丹，潘子成，茅宁. 公司高管减持同伴效应与股价崩盘风险研究 [J]. 经济研究，2019，54（11）：54 – 70.

[73] 殷晓圣. 中国"蚂蚁森林"项目获联合国"地球卫士奖" [EB/OL]. 新华网，2019 – 09 – 19.

[74] 俞李莉. 中美个人捐赠的比较研究 [J]. 华商，2008（20）：128 – 131.

[75] 原欣伟，窦天苗，李延，等. 在线用户社区成员持续使用意愿的影响因素研究——基于"认知—情感—意动"理论视角 [J]. 现代情报，2018（5）：45 – 52.

[76] 张进美，刘武，刘天翠. 城乡居民个人慈善捐赠行为差异实证研究 [J]. 社会保障研究，2013（4）：79 – 85.

[77] 张书婷. 移动互联网背景下面向大众参与的公益服务设计研究 [D]. 江南大学学位论文，2017.

[78] 张网成. 中国公民志愿行为研究（2011）：现状、特点及政策

启示 [M]. 北京：知识产权出版社，2010.

[79] 张伟莉，杨化."互联网＋"时代大学生微公益现状与对策研究 [J]. 学校党建与思想教育，2016 (5)：65 - 67.

[80] 张燕，怀明云. 威权式领导行为对下属组织公民行为的影响研究——下属权力距离的调节作用 [J]. 管理评论，2012，24 (11)：97 - 105.

[81] 赵芬芬，杜兰英，侯俊东. 组织募捐方式对员工捐赠数额的影响研究——面子倾向和权力距离的调节作用 [J]. 管理评论，2018，30 (3)：114 - 127.

[82] 赵宏霞，王新海，周宝刚. B2C 网络购物中在线互动及临场感与消费者信任研究 [J]. 管理评论，2015，27 (2)：43 - 54.

[83] 赵娅楠. 社会化媒体平台上的个人慈善参与机制研究：基于对郑州市的调研 [D]. 郑州大学学位论文，2015.

[84] 赵杨，高婷. 移动图书馆 App 用户持续使用影响因素实证研究 [J]. 情报科学，2015，33 (6)：95 - 100.

[85] 支付宝领联合国最高环保荣誉，蚂蚁森林：我们都是地球卫士 [EB/OL]. 澎湃新闻，2019 - 09 - 27.

[86] 中国"蚂蚁森林"项目获联合国"地球卫士奖" [EB/OL]. 新华网，2019 - 09 - 19.

[87] 中国网信网. 政府工作报告首提"互联网＋"[EB/OL]，2015 - 17 - 06.

[88] 周军杰. 社会化商务背景下的用户粘性：用户互动的间接影响及调节作用 [J]. 管理评论，2015，27 (7)：127 - 136.

[89] 周美伶，何友晖. 从跨文化的观点分析面子的内涵及其在社会交往中的运作 [M] //翟学伟. 中国社会心理学评论（第2辑）[M]. 北京：社会科学文献出版社，2006：186 - 216.

[90] 朱力，谭贤楚. 我国救灾的社会动员机制探讨 [J]. 东岳论丛，2011，32 (6)：40 - 46.

[91] 朱瑞玲."面子"压力及其因应行为 [M] //翟学伟. 中国社会心

理学评论（第 2 辑）[M]. 北京：社会科学文献出版社，2006：161 – 185.

[92] 邹奕，杜洋. "社会动员" 概念的规范分析 [J]. 天津行政学院学报，2013，15（5）：48 – 54.

[93] Aaker J. L. Dimensions of brand personality [J]. Journal of Marketing Research，1997，34（3）：347 – 356.

[94] Ajzen I. The theory of planned behavior [J]. Organizational Behavior and Human Decision Processes，1991，50（2）：179 – 211.

[95] Alam S. S.，Sayuti N. M. Applying the theory of planned behavior (TPB) in halal food purchasing [J]. International Journal of Commerce and Management，2011，21（1）：8 – 20.

[96] Alexander F. Choice determinants of donors giving [D]. Auckland：Auckland University of Technology，2006.

[97] Altuntas S.，Baykal U. relationship between nurses' organizational trust levels and their organizational citizenship behaviors [J]. Journal of Nursing Scholarship，2010，42（2）：186 – 194.

[98] Alvin H. N. Adventure learning influence of collectivism on team and organizational attitudinal changes [J]. Journal of Management Development，2001，20（5）：424 – 440.

[99] Andreoni J.，Petrie R. Public goods experiments without confidentiality：a glimpse into fund-raising [J]. Journal of Public Economics，2004，88（7/8）：1605 – 1623.

[100] Ashforth B. E.，Mael F. Social identity theory and the organization [J]. The Academy of Management Review，1989，14（1）：20 – 39.

[101] Bao Y.，Zhou K.，Su C. Face consciousness and risk aversion：do they affect consumer decision-making? [J]. Psychology & Marketing，2003，20（8）：733 – 755.

[102] Baron S.，Harris K. Toward an understanding of consumer perspectives on experiences [J]. Journal of Services Marketing，2010，24（7）：

518 – 531.

[103] Beatty S. E. , Kahle L. R. , Homer P. Personal values and gift giving behaviors: a study across cultures [J]. Journal of Business Research, 1991, 22 (2): 149 – 157.

[104] Begley T. M. , Lee C. , Fang Y. Power distance as a moderator of the relationship between justice and employee outcomes in a sample of chinese Employees [J]. Journal of Managerial Psychology, 2002, 17 (8): 692 – 711.

[105] Bekkers R. , Wiepking P. A literature review of empirical studies of philanthropy: eight mechanisms that drive charitable giving [J]. Nonprofit and Voluntary Sector Quarterly, 2011, 40 (5): 924 – 973.

[106] Belk R. W. Situational variables and consumer behavior [J]. Journal of Consumer Research, 1975, 2 (December): 157 – 165.

[107] Bendapudi N. , Singh S. N. , Bendapudi V. Enhancing helping behavior: an integrative framework for promotion planning [J]. Journal of Marketing, 1996, 60 (3): 33 – 49.

[108] Bennett R. Entry strategies for "planned giving" donor products adopted by British charities: an empirical investigation [J]. Journal of Financial Services Marketing, 2004, 9 (2): 138 – 158.

[109] Bennett R. Factors underlying the inclination to donate to particular type of charity [J]. International Journal of Nonprofit and Voluntary Sector Marketing, 2003, 8 (1): 12 – 29.

[110] Bennett R. Giving to the giver: can charities use premium incentives to stimulate donations? [J]. Journal of Promotion Management, 2007, 13 (3/4): 261 – 280.

[111] Bennett R. , Gabriel H. Image and reputational characteristics of UK charitable organizations: an empirical study [J]. Corporate Reputation Review, 2003, 6 (3): 276 – 289.

[112] Bereczkei T. , Birkas B. , Kerekes Z. Public charity offer as a

proximate factor of evolved reputation-building strategy: an experimental analy-sis of a real-life situation [J]. Evolution and Human Behavior, 2007, 28 (4): 277 – 284.

[113] Bergami M., Bagozzi R. P. Self-categorization, affective commit-ment and group self-esteem as distinct aspects of social identity in the organiza-tion [J]. British Journal of Social Psychology, 2000, 39 (4): 555 – 577.

[114] Bhattacharya C. B., Rao H., Glynn M. A. Understanding the bond of identification: an investigation of its correlates among art museum mem-bers [J]. Journal of Marketing, 1995, 59: 46 – 57.

[115] Black C. E. The dynamics of modernization: A study in compara-tive history [M]. New York: Harper & Row, 1966.

[116] Boenigk S., Leipnitz S., Scherhag C. Altruistic values, satisfac-tion and loyalty among first-time blood donors [J]. International Journal of Nonprofit & Voluntary Sector Marketing, 2011, 16 (4): 356 – 370.

[117] Buckley P. J., Clegg J., Tan H. Cultural awareness in knowledge transfer to china-the role of guanxi and mianzi [J]. Journal of World Business, 2006 (41): 275 – 288.

[118] Carman K. G. Social influences and the private provision of public goods: evidence from charitable contributions in the workplace [EB/OL]. Boston: Harvard University, 2004.

[119] Castillo M., Prtrie R., Wardell C. Fundraising through online social networks: A field experiment on peer-to-peer solicitation [J]. Journal of Public Economics, 2014, 114 (6): 29 – 35.

[120] Cheikh-Ammar M., Barki H. The Influence of social presence, social exchange and feedback features on SNS continuous use [J]. Journal of Organizational & End User Computing, 2016, 28 (2): 33 – 52.

[121] Chell K., Mortimer G. Investigating online recognition for blood donor retention: an experiential donor value approach. International Journal of

Nonprofit and Voluntary Sector Marketing, 2014, 19 (2): 143 – 163.

[122] Chen S. C. Customer value and customer loyalty: is competition a missing link? [J]. Journal of Retailing and Consumer Services, 2015 (22): 107 – 116.

[123] Cheung F. M. , Leung K. , Zhang J. X. , et al. Indigenous Chinese personality constructs: is the five-factor model complete? [J]. Journal of Cross-Cultural Psychology, 2001, 32 (4): 407 – 433.

[124] Chi K. Y. , Chan K. W. , Lam S. S. K. Do customers and employees enjoy service participation? Synergistic effects of self- and other-efficacy [J]. Journal of Marketing, 2012, 76 (6): 121 – 140.

[125] Chiu C. M. , Hsu M. H. , Wang E. T. G. Understanding knowledge sharing in virtual communities: an integration of social capital and social cognitive theories [J]. Decision Support Systems, 2007, 42 (3): 1872 – 1888.

[126] Chou M. L. Protective and acquisitive face orientation: a person by situation approach to face dynamic in social interaction [D]. Hong Kong: University of Hong Kong, 1997.

[127] Coyle J. R. , Thorson E. The effects of progressive levels of interactivity and vividness in web marketing sites [J]. Journal of Advertising, 2001, 30 (3): 65 – 77.

[128] Curtis M. B. , Conover T. L. , Chui L. C. A cross-cultural study of the influence of country of origin, justice, power distance, and gender on ethical decision making [J]. Journal of International Accounting Research, 2012, 11: 5 – 34.

[129] Cyr D. , Hassanein K. , Head M. , et al. The role of social presence in establishing loyalty in e-service environments [J]. Interacting with Computers, 2007, 19 (1): 43 – 56.

[130] Dash S. , Bruning E. , Ku G. K. The moderating effect of power

distance on perceived interdependence and relationship quality in commercial banking: a cross-cultural comparison [J]. International Journal of Bank Marketing, 2006, 24 (5): 307 – 326.

[131] Dellavigna S. , List J. A. , Malmendier U. Testing for altruism and social pressure in charitable giving [J]. The Quarterly Journal of Economics, 2012 (127): 1 – 56.

[132] Deutsch K. W. Social mobilization and political development [J]. The American Political Science Review, 1961, 55 (3): 493 – 514.

[133] Dinitto E. Marketing with a conscience [J]. Marketing Communications, 1989, 14 (5): 42 – 46.

[134] Domino G. , Affonso D. , Slobin M. Community psychology in the People's Republic of China [J]. Psychology, 1987, 30: 1 – 11.

[135] Dorfman P. W. , Howell J. P. Dimensions of national culture and effective leadership patterns: Hofstede revisited [J]. Advances in International Comparative Management, 1988 (3) : 127 – 150.

[136] Du L. , Qian L. , Feng Y. Influences of altruistic motivation, shared vision, and perceived accessibility on microcharity behavior [J]. Social Behavior & Personality: An International Journal, 2014, 42 (10): 1639 – 1650.

[137] Dukerich J. M. , Golden B. R. , Shortell S. M. Beauty is in the eye of the beholder: the impact of organizational identification, identity, and image on the cooperative behaviors of physicians [J]. Administrative Science Quarterly, 2002, 47 (3): 507 – 533.

[138] Earley P. C. Self or Group? Cultural effects of training on self-efficacy and performance [J]. Administrative Science Quarterly, 1994, 39 (1): 89 – 117.

[139] Ellen S. , Mohr P. L. , Webb D. Charitable programs and the retailer: do they mix? [J]. Journal of Retailing, 2000, 76 (3): 393 – 406.

[140] Farh J. , Zhong C. , Organ D. W. Organizational citizenship behavior in the People's Republic of China [J]. Organization Science, 2004, 15 (2): 241 – 253.

[141] Fillis I. Image, reputation and identity issues in the arts and crafts organization [J]. Corporate Reputation Review, 2003, 6 (3): 239 – 251.

[142] Fortin D. R. , Dholakia R. R. Interactivity and vividness effects on social presence and involvement with a web-based advertisement [J]. Journal of Business Research, 2005, 58 (3): 387 – 396.

[143] Frey B. , Meier S. Social comparisons and Pro-social behavior: testing conditional cooperation in a field experiment [J]. The American Economic Review, 2004, 94 (5): 1717 – 1722.

[144] Gefen D. , Straub D. W. Consumer trust in B2C e-commerce and the importance of social presence: Experiments in e-products and e-services [J]. Omega, 2004, 32 (6): 407 – 424.

[145] Gilbert J. A. , Tang T. L. An examination of organizational trust antecedents [J]. Public Personnel Management, 1998, 27 (3): 321 – 338.

[146] Gipp N. , Kalafatis S. P. , Ledden L. Perceived value of corporate donations: an empirical investigation [J]. International Journal of Nonprofit & Voluntary Sector Marketing, 2010, 13 (4): 327 – 346.

[147] Glynn S. A. , Schreiber G. B. , Murphy E. L. , et al. Factors influencing the decision to donate: Racial and ethnic comparisons [J]. Transfusion, 2006, 46 (6): 980 – 990.

[148] Goffman E. On Face-Work: An Analysis of Ritual Elements in Social Interaction [J]. Psychiatry: Journal of Interpersonal Relations, 1955, 18 (3): 213 – 231.

[149] Han G. H. , Harms P. D. Team identification, trust and conflict: A mediation model [J]. International Journal of Conflict Management, 2010, 21 (1): 20 – 43.

［150］ Ho D. Y. On the concept of face ［J］. American Journal of Sociology, 1976, 81 (4): 867 – 884.

［151］ Hofstede G. Culture's consequence: International difference in work related values ［M］. Beverly Hills, CA: Sage Publications, 1980.

［152］ Hofstede G., Hofstede G. J., Minkov M. Cultures and organizations: Software of the mind ［M］. London, UK: McGraw-Hill, 1991.

［153］ Hooper P., Stobart S. Using third-party services to reduce the development cost and improve the effectiveness of charity websites ［J］. International Journal of Nonprofit and Voluntary Sector Marketing, 2003, 8 (4): 328 – 336.

［154］ Huff L., Kelley L. Is collectivism a liability? The impact of culture on organizational trust and customer orientation: A seven-nation study ［J］. Journal of Business Research, 2005, 58 (1): 96 – 102.

［155］ Hui C. H. Measurement of individualism-collectivism ［J］. Journal of Research in Personality, 1988, 22 (1): 17 – 36.

［156］ Hwang A., Francesco A. M., Kessler E. The relationship between individualism-collectivism, face, and feedback and learning processes in Hong Kong, Singapore, and the United States ［J］. Journal of Cross-Cultural Psychology, 2003, 34 (1): 72 – 91.

［157］ James R. N., Sharpe D. L. The nature and causes of the u-shaped charitable giving profile ［J］. Nonprofit and Voluntary Sector Quarterly, 2007, 36 (2): 218 – 238.

［158］ Ji S. "Face" and polite verbal behaviors in Chinese culture ［J］. Journal of Pragmatics, 2000, 32 (7): 1059 – 1062.

［159］ Jones T. O., Sasser W. E. Why satisfied customers defect ［J］. Harvard Business Review, 1995 (73): 88 – 99.

［160］ Joy A. Gift giving in Hong Kong and the continuum of social ties ［J］. Journal of Consumer Research, 2001, 28 (2): 230 – 256.

［161］Katz M. L., Shapiro C. Network externalities, competition, and compatibility ［J］. The American Economic Review, 1985, 75 (3): 424 – 440.

［162］Keating B., Robert P., David A. United way contributions: Coercion, charity or economic self-interest ［J］. Southern Economic Journal, 1981, 47 (3): 816 – 823.

［163］Keller K. L. The brand report card ［J］. Harvard Business Review, 2000, 78 (1): 147 – 154.

［164］Kim G. S., Park S. B., Oh J. An examination of factors influencing consumer adoption of short message service (SMS) ［J］. Psychology & Marketing, 2008, 25 (8): 769 – 786.

［165］Koslowsky M., Baharav H., Schwarzwald J. Management Style as a Mediator of the Power Distance-Influence Tactics Relationship ［J］. International Journal of Conflict Management, 2011, 22 (3): 264 – 277.

［166］Kotler P., Clarke R. N. Marketing for health care organizations ［M］. New Jersey: Prentice-Hall, Englewood Cliffs, 1987.

［167］Kottasz R. Differences in the donor behavior characteristics of young affluent males and females: Empirical evidence from Britain ［J］. Voluntas: International Journal of Voluntary and Nonprofit Organizations, 2004, 15 (2): 181 – 203.

［168］Krugman H. E. The impact of television advertising: learning without involvement ［J］. Public Opinion Quarterly, 1965, 29: 349 – 356.

［169］Landreth S. For a good cause: The effects of cause importance, cause proximity, congruency and participation effort on consumers' evaluations of cause-related marketing ［M］. Detroit: ProQuest Company Press, 2002.

［170］Leana C. R., Pil F. K. Social capital and organizational performance: Evidence from urban public schools ［J］. Organization Science, 2006, 17 (3): 353 – 366.

［171］Leslie L. M., Snyder M., Glomb T. M. Who Gives? Multilevel

Effects of Gender and Ethnicity on Workplace Charitable Giving [J]. Journal of Applied Psychology, 2013, 98 (1): 49 –62.

[172] Li M., Choi T. Y., Rabinovich E., et al. Self-service operations at retail stores: The role of inter-customer interactions [J]. Production & Operations Management, 2013, 22 (4): 888 –914.

[173] Liao C., Chen J. L., Yen D. C. Theory of planning behavior (TPB) and customer satisfaction in the continued use of e-service: An integrated model [J]. Computers in Human Behavior, 2007, 23 (6): 2804 –2822.

[174] Limayem M., Hirt S. G. Force of habit and information systems usage: Theory and initial validation [J]. Journal of the Association for Information System, 2003, 4 (1): 65 –95.

[175] Limayem M., Hirt S. G., Cheung C. M. K. How habit limits the predictive power of intention: The case of information systems continuance [J]. MIS Quarterly, 2007, 31 (4): 705 –737.

[176] Lin K. Y., Lu H. P. Why people use social networking sites: an empirical study integrating network externalities and motivation theory [J]. Computers in Human Behavior, 2011, 27 (3): 1152 –1161.

[177] Lin L., Xi D., Lueptow R. M. Public face and private thrift in Chinese consumer behaviour [J]. International Journal of Consumer Studies, 2013, 37 (5): 538 –545.

[178] List J. A., Price M. K. The role of social connections in charitable fundraising: Evidence from a natural field experiment [J]. Journal of Economic Behavior and Organization, 2009, 69 (2): 160 –169.

[179] Lombard M., Jones M. T. Identifying the (Tele) presence literature [J]. PsychNology Journal, 2007, 5 (2): 197 –206.

[180] Long S. H. Social pressure and contributions to health charities [J]. Public Choice, 1976, 28 (1): 55 –66.

[181] Martin L. L., Kettner P. M. Measuring the performance of human

service programs [M]. London: Sage Publication, 1996.

[182] Martin R. , Randal J. How sunday, price, and social norms influence donation behavior [J]. The Journal of Socio-Economics, 2009, 38: 722 – 727.

[183] Mathwick C. , Malhotra Nk, Rigdon E. The effect of dynamic retail experiences on experiential perceptions of value: An internet and catalog comparison [J]. Journal of Retailing, 2002, 78 (1): 51 – 60.

[184] Mcgrath S. Giving donors good reason to give again [J]. International Journal of Nonprofit and Voluntary Sector Marketing, 1997, 2 (2): 125 – 135.

[185] Michas N. A. Economic development, social mobilization and the growth of public expenditures in Greece [J]. American Journal of Economics and Sociology, 1980, 39 (1): 31 – 49.

[186] Moore R. , Moore M. L. , Capella M. The impact of customer-to-customer interactions in a high personal contact service setting [J]. Journal of Services Marketing, 2005, 19 (7): 482 – 491.

[187] Morrison C. Understanding donor motivation [M]. UK: Newcastle-upon-tyne, 1998.

[188] Morrow R. D. Culture difference- be aware [J]. Academic Therapy, 1987, 23: 143 – 149.

[189] Morrow R. , Nestoras B. Because it's a good thing [J]. Charitable contributions, 2009, 9/10: 30 – 34.

[190] Nesbit R. , Christensen R. K. , Gossett L. M. Charitable giving in the public workplace: a framework for understanding employees' philanthropic performance [J]. Public Performance & Management Review, 2012, 35 (3): 449 – 474.

[191] Organ D. W. Organizational citizenship behavior: the good soldier syndrome [M]. Lexington: Lexington Books, 1988.

[192] Osborne J. Supporting the voluntary sector [J]. The British Journal of Administrative Management, 2001 (23): 32.

[193] Osili U. O., Hirt D. E., Raghavan S. Charitable Giving inside and outside the Workplace: The Role of Individual and Firm Characteristics [J]. International Journal of Nonprofit and Voluntary Sector Marketing, 2011, 16 (4): 393 –408.

[194] Ovaice G. The relationship of individualism and collectivism to perceptions of interpersonal trust in a global consulting firm [D]. Urbana-Champaign: University of Illinois at Urbana-Champaign, 2001.

[195] Pee L. G. Customer co-creation in B2C e-commerce: Does it lead to better new products? [J]. Electronic Commerce Research, 2016, 16 (2): 1 –27.

[196] Podsakoff P. M., MacKenzie S. B., Lee J. Y., et al. Common method biases in behavioral research: A critical review of the literature and recommended remedies [J]. Journal of Applied Psychology, 2003, 88 (5): 879 – 903.

[197] Podsakoff P. M., Mackenzie S. B., Moorman R. H., et al. Transformational leader behaviors and their effects on followers' trust in leader, satisfaction, and organizational citizenship behaviors [J]. The Leadership Quarterly, 1990, 1 (2): 107 –142.

[198] Prahalad C. K., Ramaswamy V. Co-creation experiences: The next practice in value creation [J]. Journal of Interactive Marketing, 2004, 18 (3): 5 –14.

[199] Raihani N. J., Smith S. Competitive helping in online giving [J]. Current Biology, 2015, 25 (9): 1183 –1186.

[200] Reyniers D., Bhalla R. Reluctant altruism and peer pressure in charitable giving [J]. Judgment and Decision Making, 2013 (8): 7 –15.

[201] Riketta M. Organizational identification: A meta-analysis [J].

Journal of Vocational Behavior, 2005, 66 (2): 358 –384.

[202] Robinson S. L. Trust and breach of psychological contract [J]. Administrative Science Quarterly, 1996, 41 (4): 574 –599.

[203] Rossiter J. R, Percy L. Advertising and promotion management [M]. New York: McGraw Hill Book Co. , 1987.

[204] Roussin C. J. , Webber S. S. Impact of organizational identification and psychological safety on initial perceptions of coworker trustworthiness [J]. Journal of Business & Psychology, 2012, 27 (3): 317 –329.

[205] Sargeant A. Managing donor defection: Why should donors stop giving [J]. New Directions for Philanthropic Fundraising, 2001 (32): 59 –74.

[206] Sargeant A. , Ford J. B. , Hudson J. Charity brand personality: the relationship with giving behavior [J]. Nonprofit and Voluntary Sector Quarterly, 2008, 37 (3): 468 –491.

[207] Sargeant A. , Ford J. B. , West D. C. Perceptual determinants of nonprofit giving behavior [J]. Journal of Business Research, 2006, 59 (2): 155 –165.

[208] Sargeant A. , Hilton T. The final gift: Targeting the potential charity legator [J]. International Journal of Nonprofit and Voluntary Sector Marketing, 2005, 10 (1): 3 –16.

[209] Sargeant A. , Hudson J. Donor retention: An exploratory study of door-to-door recruits [J]. International Journal of Nonprofit Voluntary Sector Marketing, 2008, 13 (1): 89 –101.

[210] Sargeant A. , Kahler J. Returns on fundraising expenditures in the voluntary sector [J]. Nonprofit Management & Leadership, 1999, 10 (1): 5 –19.

[211] Sargeant A. , West D. C. , Ford J. B. Does perception matter? an empirical analysis of donor behaviour [J]. The Service Industries Journal,

2004, 24 (6): 19 - 36.

[212] Sargeant A. , West D. C. , Ford J. The role of perceptions in predicting donor value [J]. Journal of Marketing Management, 2001, 17 (3/4): 407 - 428.

[213] Sargeant A. , Woodliffe L. Building donor loyalty: the antecedents and role of commitment in the context of charity giving [J]. Journal of Nonprofit & Public Sector Marketing, 2007, 18 (2): 47 - 68.

[214] Sargeant A. , Woodliffe L. Gift giving: an interdisciplinary review [J]. International Journal of Nonprofit and Voluntary Sector Marketing, 2007, 12 (4): 275 - 307.

[215] Sargeant A. , Woodliffe L. The antecedents of donor commitment to voluntary organizations [J]. Nonprofit Management & Leadership, 2005, 16 (1): 61 - 78.

[216] Saxton J. A strong charity brand comes from strong beliefs and values [J]. Journal of Brand Management, 1995, 2 (4): 211 - 220.

[217] Schlegelmilch B. B. , Diamantopoulos A. , Love A. Determinants of charity giving: an interdisciplinary review of the literature and suggestions for future research [C]. in Allen C. T. et al. AMA Winter Educators' Conference-Marketing Theory and Applications. Chicago: American Marketing Association, 1992 (3): 507 - 516.

[218] Schwartz S. H, Bilsky W. Toward a psychological structure of human values [J]. Journal of Personality and Social Psychology, 1987, 53 (3): 550 - 562.

[219] Shabbir H. , Thwaites D. Determining the antecedents and consequences of donor-perceived relationship quality: a dimensional qualitative research approach [J]. Psychology & Marketing, 2007, 24 (3): 271 - 293.

[220] Shang J. , Croson R. A field experiment in charitable contribution: the impact of social information on the voluntary provision of public goods [J].

The Economic Journal, 2009 (119): 1422 – 1439.

[221] Shih H. P. An empirical study on predicting user acceptance of E-shopping web [J]. Information and Management, 2004, 41 (3): 351 – 368.

[222] Smith S. , Windmeijer F. , Wright E. Peer effects in charitable giving: evidence from the (running) field [J]. Economic Journal, 2015, 125 (585): 1053 – 1071.

[223] Song J. H. , Zinkhan G. M. Determinants of perceived web site interactivity [J]. Journal of Marketing, 2008, 72 (2), 99 – 113.

[224] Srnka K. J. , Eckler I. Increasing fundraising efficacy by segmenting donors [J]. Australasian Marketing Journal, 2003 (11): 70 – 86.

[225] Stroebe W. , Frey B. S. Self interest and collective action: the economics and psychology of public goods [J]. British Journal of Social Psychology, 1982, 21 (2): 121 – 137.

[226] Supphellen M. , Nelson M. R. Developing, exploring, and validating a typology of private philanthropic decision making [J]. Journal of Economic Psychology, 2001, 22 (5): 573 – 603.

[227] Sweeney J. C. , Soutar G. N. Consumer perceived value: the development of a multiple item scale [J]. Journal of Retailing, 2001, 77 (2): 203 – 220.

[228] Ting-Toomey S. , Kurogi A. Face work competence in intercultural conflict: an updated face-negotiation theory [J]. International Journal of Intercultural Relations, 1998, 22 (2): 187 – 225.

[229] Van Slyke D. M. , Brooks A. C. Why do people give? New evidence and strategies for nonprofit managers [J]. American Review of Public Administration, 2005, 35 (3): 199 – 222.

[230] Vargo S. L. , Lusch R. F. Evolving to a new dominant logic for marketing [J]. Journal of Marketing, 2004, 68 (1): 1 – 17.

[231] Venable B. T. , Rose G. M. , Gilbert F. W. Measuring the brand

personality of nonprofit organizations [J]. Advances in Consumer Research, 2003 (30): 379 – 380.

[232] Verplanken B., Aarts H. Habit, attitude, and planned behaviour: is habit an empty construct or an interesting case of goal-directed automaticity? [J]. European Review of Social Psychology, 1999, 10 (1): 101 – 134.

[233] Vitell S. J., Paolillo J. G. P., Thomas J. L. The perceived role of ethics and social responsibility: a study of marketing professionals [J]. Business Ethics Quarterly, 2003, 13 (1): 63 – 86.

[234] Wagner J. A. Studies of individualism-collectivism: effects on cooperation in groups [J]. Academy of Management Journal, 1995, 38 (1): 152 – 172.

[235] Walter U., Bo E., Åsa Öström. Drivers of customers' service experiences: a study in the restaurant industry [J]. Managing Service Quality, 2010, 20 (3): 236 – 258.

[236] Wang H. J., Demerouti E., Blanc P. L. Transformational leadership, adaptability, and job crafting: the moderating role of organizational identification [J]. Journal of Vocational Behavior, 2017 (100): 185 – 195.

[237] Warwick M. Raising money by mail: strategies for growth and financial stability [M]. Berkeley, CA: Strathmore Press, 1994.

[238] Webb D. J., Green C. L., Brashear T. G. Development and validation of scale to measure attitude influencing monetary donations to charitable organizations [J]. Journal of Academy of Marketing Sciences, 2000, 28 (2): 299 – 309.

[239] Wiepking P., James R. Why are the oldest old less generous? Explanations for the unexpected age-related drop in charitable giving [J]. Aging and Society, 2012, 33 (3): 486 – 510.

[240] Wilson J. Volunteering [J]. Annual Review of Sociology, 2000 (26): 215 – 240.

［241］ Wu I. L. , Chen J. L. An extension of trust and TAM model with TPB in the initial adoption of on-line tax: an empirical study ［J］. International Journal of Human-Computer Studies, 2005, 62 （6）: 784 – 808.

［242］ Wu P. C. , Chaturvedi S. The role of procedural justice and power distance in the relationship between high-performance work systems and employee attitudes: A multilevel perspective ［J］. Journal of Management, 2009, 35 （5）: 1228 – 1247.

［243］ Yoo J. , Arnold T. J. , Frankwick G. L. Effects of positive customer-to-customer service interaction ［J］. Journal of Business Research, 2012, 65 （9）: 1313 – 1320.

［244］ Zhang X. A. , Cao Q. , Griougiou N. Consciousness of social face: development and validation of a scale measuring desire to gain face versus fear of losing face ［J］. Journal of Social Psychology, 2011, 151 （2）: 129 – 149.

附录 1　焦点小组访谈材料

访谈流程

1. 主持人自我介绍，并感谢大家的参与。

2. 解释本次访谈的目的：了解大家对于单位动员中人们的捐赠行为以及这种募捐方式的看法。

3. 告知参与者此次访谈需要录音及其原因。

4. 对研究项目背景进行介绍。

研究背景：在以企业名义的捐赠中，来自其旗下的员工捐赠有时也是一个非常重要的组成部分。企业动员本组织员工捐赠是企业履行社会责任，发展公益事业行动中不可或缺的一部分，员工在组织动员中的捐赠行为关系到企业社会责任的实现。同时，在我国，人们的主动捐赠意识较弱，大部分公众在工作单位或社区组织的募捐活动中完成捐赠。调查结果显示84.0%的个人是通过在学校、单位、社区及村委会等组织的募捐中进行的捐赠，只有6.0%的人采取直接捐赠的方式。我的研究主要围绕单位动员中人们的捐赠行为展开。

5. 首先确认参与者都参加过单位组织的捐赠。

6. 确认完后，开始依次对确定的讨论问题展开讨论。

7. 讨论完后，请参与者填写个人信息，包括性别、年龄、教育程度、单位性质、职位及工作年限等。

8. 再次感谢各位的参与。

讨论问题

1. 人们为什么愿意在单位组织的募捐中进行捐赠，原因是什么？

2. 人们一般怎样做出自己的捐赠数额？基于什么样的心理？

3. 这种捐赠行为与直接捐赠行为在哪些方面存在差异？

4. 这种单位动员的募捐方式有什么样的优缺点？

附录 2　开放式调查问卷

尊敬的女士/先生：

您好！感谢您百忙之中回答此问卷。在单位组织的募捐中进行捐赠是我国个人普遍采取的一种捐赠方式，为分析个人在这一募捐方式中的捐赠心理和行为特点，特组织此次问卷调查，恳请惠赐您的高见。您的答案将作为我们发展关于单位动员中员工捐赠行为调查问卷的重要参考。最后，衷心的谢谢您的指教。

您以前是否在单位或学校组织的募捐中捐赠过

A. 是　　　B. 否（结束答题）

一、如果您以前有过在单位或学校组织的募捐中捐赠的经历，请回答以下问题

1. 您为什么愿意在单位组织中的募捐中捐赠？原因是什么，请一一列出（列出关键词即可）：

2. 您是怎样做出自己的捐赠数额的？基于什么样的心理，请一一列出（列出关键词即可）：

3. 您认为，人们直接捐给慈善组织的捐赠行为和在单位组织的募捐中进行捐赠的捐赠行为，二者在哪些方面存在差异，请一一列出（列出关键词即可）：

4. 您认为，这种单位动员的募捐方式积极的一面是什么，请一一列出（列出关键词即可）：

5. 您认为，这种单位动员的募捐方式消极的一面是什么，请一一列出（列出关键词即可）：

二、个人信息

1. 性别：_____

A. 男   B. 女

2. 年龄：_____

A. 小于 20 岁   B. 20 ~ 30 岁   C. 31 ~ 40 岁

D. 41 ~ 50 岁   E. 51 ~ 60 岁   F. 大于 60 岁

3. 您的婚姻状况：_____

A. 已婚   B. 未婚

4. 您的职业：_____

A. 政府或事业单位人员   B. 学生   C. 教师

D. 企业员工   E. 自由职业者   F. 其他

5. 如果您是企业员工，请您选择您所在的企业性质，如果不是请跳过此题：_____

A. 国有企业

B. 三资企业（包括中外合作企业、中外合资企业、外商独资企业）

C. 民营企业

D. 集体企业

E. 其他

附录3　组织募捐动员中
个人捐赠行为研究调查问卷

尊敬的先生/女士 您好:

非常感谢您参加本次问卷调查。本次调查的目的是了解我国个人在单位动员中的捐赠行为特点。答案所无谓对错之分,请根据您的真实情况及感受填写此次问卷。

这份问卷只做学术研究之用,采用无记名方式进行,对问卷反馈严格保密。我们保证您所填写的这份问卷绝不会给您带来任何负面影响。

请您先仔细阅读下面一段话,再回答后面的问题。

假设你所在的单位,因为某个公益事项(比如救灾,扶贫,环保等)动员员工捐赠。在这个动员过程中,组织者是您的上级(与您是平级关系),他们将公开(不公开)捐赠名单和捐赠数额。请您假设身处上述的情境中,回答下列问题。

一、请选择能代表您在上述的动员情境中感受到的捐赠压力的数字

没有压力—————————————→ 压力最大

　　1　　2　　3　　4　　5　　6　　7

二、请您假设身处上述的动员情境中,在能够代表您真实感受及想法的答案前打"√"

捐赠意愿

1. 您愿意在上述的动员情境中捐赠。

□非常不赞同　□不赞同　□有些不赞同　□中立　□有些赞同
□赞同　□非常赞同

2. 只要单位动员捐赠，您就会捐赠。

□非常不赞同　□不赞同　□有些不赞同　□中立　□有些赞同

□赞同　□非常赞同

捐赠数额

3. 您觉得您大约会捐赠_____。

□ 0～10 元　　□ 11～50 元　　□ 51～100 元　　□ 101～300 元

□ 301～500 元　□ 501～1000 元　□ 1001 元及以上

三、如果您会因为某一公益事项（比如救灾，扶贫，教育，环保等）捐赠，是因为

4. 您觉得这个公益事项在社会上影响很大。

□非常不赞同　□不赞同　□有些不赞同　□中立　□有些赞同

□赞同　□非常赞同

5. 您觉得这个公益事项对社会发展很有帮助。

□非常不赞同　□不赞同　□有些不赞同　□中立　□有些赞同

□赞同　□非常赞同

6. 您觉得这个公益事项有较大的善果。

□非常不赞同　□不赞同　□有些不赞同　□中立　□有些赞同

□赞同　□非常赞同

7. 您觉得这个公益事项一直服务于您所关心的地区。

□非常不赞同　□不赞同　□有些不赞同　□中立　□有些赞同

□赞同　□非常赞同

8. 您觉得这个公益事项是您可以经常接触的。

□非常不赞同　□不赞同　□有些不赞同　□中立　□有些赞同

□赞同　□非常赞同

9. 您觉得这个公益事项在地域上是您容易接近的。

□非常不赞同　□不赞同　□有些不赞同　□中立　□有些赞同

□赞同　□非常赞同

10. 您觉得这个公益事项符合自己的捐赠习惯。

☐非常不赞同　☐不赞同　☐有些不赞同　☐中立　☐有些赞同

☐赞同　☐非常赞同

11. 您觉得这个公益事项能够和自己产生共鸣。

☐非常不赞同　☐不赞同　☐有些不赞同　☐中立　☐有些赞同

☐赞同　☐非常赞同

12. 您觉得这个公益事项对自己生活很有意义。

☐非常不赞同　☐不赞同　☐有些不赞同　☐中立　☐有些赞同

☐赞同　☐非常赞同

四、对于下面的描述，请在能够代表您真实感受及观点的答案前打"√"

面子倾向

13. 我很在乎别人对我的看法。

☐非常不赞同　☐不赞同　☐有些不赞同　☐中立　☐有些赞同

☐赞同　☐非常赞同

14. 由于我不想被同事瞧不起，我很注意自己的行为和穿着打扮。

☐非常不赞同　☐不赞同　☐有些不赞同　☐中立　☐有些赞同

☐赞同　☐非常赞同

15. 我担心在同事面前丢面子。

☐非常不赞同　☐不赞同　☐有些不赞同　☐中立　☐有些赞同

☐赞同　☐非常赞同

16. 我喜欢多说话，引人注意。

☐非常不赞同　☐不赞同　☐有些不赞同　☐中立　☐有些赞同

☐赞同　☐非常赞同

17. 我会争取可以赢得面子的机会来自我表现一番。

☐非常不赞同　☐不赞同　☐有些不赞同　☐中立　☐有些赞同

☐赞同　☐非常赞同

18. 我喜欢在公众场合中成为众人注意、羡慕的焦点。

□非常不赞同　□不赞同　□有些不赞同　□中立　□有些赞同
□赞同　□非常赞同

集体主义倾向

19. 团体福利比个体奖赏更重要。

□非常不赞同　□不赞同　□有些不赞同　□中立　□有些赞同
□赞同　□非常赞同

20. 团体成就比个体成就更重要。

□非常不赞同　□不赞同　□有些不赞同　□中立　□有些赞同
□赞同　□非常赞同

21. 对您而言，得到您工作团体成员的认可是非常重要的。

□非常不赞同　□不赞同　□有些不赞同　□中立　□有些赞同
□赞同　□非常赞同

22. 员工只有在考虑了团体利益之后才能追求个体目标。

□非常不赞同　□不赞同　□有些不赞同　□中立　□有些赞同
□赞同　□非常赞同

23. 领导应该鼓励员工忠诚于团体，即使会牺牲个体目标。

□非常不赞同　□不赞同　□有些不赞同　□中立　□有些赞同
□赞同　□非常赞同

24. 领导希望员工为了团体成就放弃个体目标。

□非常不赞同　□不赞同　□有些不赞同　□中立　□有些赞同
□赞同　□非常赞同

五、下面的问题是有关您对您所在单位的认同和信任程度，请在能够代表您真实感受和情况的答案前打"√"

组织认同

25. 当别人批评你所在的单位时，你觉得是对你个人的侮辱。

□非常不赞同　□不赞同　□有些不赞同　□中立　□有些赞同
□赞同　□非常赞同

26. 别人对您单位的看法，您很感兴趣。

□非常不赞同　□不赞同　□有些不赞同　□中立　□有些赞同
□赞同　□非常赞同

27. 当你讨论你所在的单位时，你经常说"我们"而不是"他们"。

□非常不赞同　□不赞同　□有些不赞同　□中立　□有些赞同
□赞同　□非常赞同

28. 单位的成功也是你的成功。

□非常不赞同　□不赞同　□有些不赞同　□中立　□有些赞同
□赞同　□非常赞同

29. 当别人称赞你的单位时，你感觉是对你个人的表扬。

□非常不赞同　□不赞同　□有些不赞同　□中立　□有些赞同
□赞同　□非常赞同

30. 你的行为在很大程度上表现得像你所在单位成员的行为。

□非常不赞同　□不赞同　□有些不赞同　□中立　□有些赞同
□赞同　□非常赞同

组织信任

31. 我相信我的单位是非常正直的。

□非常不赞同　□不赞同　□有些不赞同　□中立　□有些赞同
□赞同　□非常赞同

32. 我的单位总是诚实守信的。

□非常不赞同　□不赞同　□有些不赞同　□中立　□有些赞同
□赞同　□非常赞同

33. 一般来说，我相信我的单位的动机和意图是好的。

□非常不赞同　□不赞同　□有些不赞同　□中立　□有些赞同
□赞同　□非常赞同

34. 我认为单位能够公平地对待员工。

□非常不赞同　□不赞同　□有些不赞同　□中立　□有些赞同
□赞同　□非常赞同

35. 我的单位对员工总是坦诚的。

□非常不赞同　□不赞同　□有些不赞同　□中立　□有些赞同
□赞同　□非常赞同

36. 我完全信任我的单位。

□非常不赞同　□不赞同　□有些不赞同　□中立　□有些赞同
□赞同　□非常赞同

权力距离

37. 领导在做决策时不用与下属商量。

□非常不赞同　□不赞同　□有些不赞同　□中立　□有些赞同
□赞同　□非常赞同

38. 领导不应该把重要任务委派给员工。

□非常不赞同　□不赞同　□有些不赞同　□中立　□有些赞同
□赞同　□非常赞同

39. 领导不必询问员工的意见。

□非常不赞同　□不赞同　□有些不赞同　□中立　□有些赞同
□赞同　□非常赞同

40. 领导应当避免与员工工作外的社会交往。

□非常不赞同　□不赞同　□有些不赞同　□中立　□有些赞同
□赞同　□非常赞同

41. 员工不应该抵触领导做出的决策。

□非常不赞同　□不赞同　□有些不赞同　□中立　□有些赞同
□赞同　□非常赞同

您的基本信息

42. 性别：_____

□男　　　□女

43. 年龄：_____

□小于 18 岁　□ 18～24 岁　□ 25～30 岁　□ 31～40 岁

□ 41～50 岁　□ 51～60 岁　□ 60 岁以上

44. 教育程度：_____

□高中及以下   □专科   □本科   □硕士及以上

45. 您的年收入（元）：_____

□ 1 万元以下   □ 1 万 ~ 2 万元   □ 2 万 ~ 3 万元

□ 3 万 ~ 5 万元   □ 5 万 ~ 8 万元   □ 8 万 ~ 10 万元

□ 10 万 ~ 15 万元   □ 15 万元以上

46. 您所在的单位性质：_____

□政府、国家行政机关或事业单位□国有企业   □外资企业

□合资企业   □民营企业

47. 您的职位：_____

□高层管理者   □中层管理者   □基层管理者   □普通员工

48. 您以前是否在单位组织的捐赠中捐赠过：_____

□是   □否

附录4 个人互联网公益参与行为调查问卷

尊敬的先生/女士 您好：

非常感谢您参加本次问卷调查！本次问卷调查的目的是了解个人互联网公益参与行为和想法。答案无所谓对错之分，请根据您的真实情况及感受填写此次问卷。

这份问卷只做学术研究之用，采用无记名方式进行，对问卷反馈严格保密。我们保证您所填写的这份问卷绝不会给您带来任何负面影响。

1. 您参加过或正在参加以下哪个移动公益应用（公益 App）？（可多选）

A. 支付宝的"蚂蚁森林"

B. 百度的"小度农庄"

C. 微博的"熊猫守护者"

D. 参与过其他类似的移动公益应用，它的名字是_____

E. 没有参加过任何类似移动公益应用（选此项则结束答题）

2. 您参加此公益 App 的频率_____

A. 每天都参加   B. 经常参加

C. 偶尔参加   D. 以前参加，现在没参加

3. 您参加此公益 App 是因为_____（可多选）

A. 好玩   B. 可以做公益

C. 周围很多人在参加   D. 可以使我获得他人的认可和赞美

E. 结交朋友   F. 其他_____

一、对于下面的描述，请在最符合您真实感受的选项下打"√"

同伴行为

序号	题项	非常不赞同	不赞同	有些不赞同	中立	有些赞同	赞同	非常赞同
1	我身边的很多朋友都在持续参与此公益 App							
2	我大部分朋友都在持续参与该公益类 App							
3	我觉得未来还会有更多朋友加入并继续参与此公益 App							

参与便利性

序号	题项	非常不赞同	不赞同	有些不赞同	中立	有些赞同	赞同	非常赞同
1	参加此公益 App 使我做公益变得简单							
2	参加此公益 App 对我来说是便利的事情							
3	参加此公益 App 让我能掌控我的公益行为							
4	参加此公益 App 是一种高效率的公益参与方式							

价值感知

序号	题项	非常不赞同	不赞同	有些不赞同	中立	有些赞同	赞同	非常赞同
1	我关注此公益 App 从事的公益领域							
2	我认为我有责任在我关注的公益领域中提供帮助							
3	在我关注的公益领域中提供帮助对我来说意义重大							

续表

序号	题项	非常不赞同	不赞同	有些不赞同	中立	有些赞同	赞同	非常赞同
4	我认为我能通过参加此公益 App 为我关注的公益领域提供帮助							
5	我享受参加此公益 App 的过程							
6	参加此公益 App 是有趣的事情							
7	参加此公益 App 使我放松							
8	参加此公益 App 使我感到愉快							
9	参加此公益 App 可以使我更容易被大家接受							
10	参加此公益 App 可以改善他人对我的看法							
11	参加此公益 App 会帮我给别人留下好印象							
12	参加此公益 App 有助于我获得社会认可							

持续参与意愿

序号	题项	非常不赞同	不赞同	有些不赞同	中立	有些赞同	赞同	非常赞同
1	我会继续参与到此公益 App							
2	我会推荐他人参与到此公益 App							
3	今后我将继续参加此公益 App 而不是其他公益 App							

二、您的个人信息

1. 性别：_____

A. 男   B. 女

2. 年龄：_____

A. 18~24 岁   B. 25~30 岁   C. 31~34 岁

3. 教育程度：_____

A. 高中及以下　　　　B. 专科

C. 本科　　　　　　　D. 硕士及以上

4. 您的职业：_____

A. 企业工作人员　　　B. 政府公务员　　　C. 教师

D. 学生　　　　　　　E. 其他

5. 您的年收入（元）：_____

A. 2 万元以下　　　　B. 2 万~4 万元　　　C. 4 万~6 万元

D. 6 万~8 万元　　　 E. 8 万~10 万元　　　F. 10 万~15 万元

G. 15 万元以上

问卷到此结束，感谢您的支持和帮助！

附录5 社交互动对个人持续参与公益 App 调查问卷

尊敬的先生/女士 您好：

非常感谢您参加本次问卷调查！本次问卷调查的目的是了解个人互联网公益参与行为和想法。答案无所谓对错之分，请根据您的真实情况及感受填写此次问卷。

这份问卷只做学术研究之用，采用无记名方式进行，对问卷反馈严格保密。我们保证您所填写的这份问卷绝不会给您带来任何负面影响。

1. 您参加过或正在参加以下哪个移动公益应用（公益 App）？（可多选）

A. 支付宝的"蚂蚁森林"

B. 百度的"小度农庄"

C. 微博的"熊猫守护者"

D. 参与过其他类似的移动公益应用，它的名字是_____

E. 没有参加过任何类似移动公益应用（选此项则结束答题）

2. 您参加此公益 App 的频率_____

A. 每天都参加　　　　　　B. 经常参加

C. 偶尔参加　　　　　　　D. 以前参加，现在没参加

一、对于下面的描述，请在最符合您真实感受的选项下打"√"

社交互动

序号	题项	非常不赞同	不赞同	有些不赞同	中立	有些赞同	赞同	非常赞同
1	通过使用此公益 App，我认识了和我有相似之处的人							
2	使用此公益 App 时，我可以与和我有相似之处的人互动							
3	通过使用此公益 App，我认识了有意思的人							
4	使用此公益 App 时，我可以与现实中的好友/亲戚进行互动							
5	通过使用此公益 App，我增进了与现实中的好友/亲戚之间的感情。							

社会临场感

序号	题项	非常不赞同	不赞同	有些不赞同	中立	有些赞同	赞同	非常赞同
1	使用此公益 App 时，有一种与人打交道的感觉							
2	使用此公益 App 时，会感觉与好友/亲戚之间存在一种亲近感							
3	使用此公益 App 时，有一种归属感							
4	使用此公益 App 时，有一种不再孤单的感觉							
5	使用此公益 App 时，有一种温馨的感觉							

情绪愉悦感

序号	题项	非常不赞同	不赞同	有些不赞同	中立	有些赞同	赞同	非常赞同
1	我很享受使用此公益 App							
2	使用此公益 App 令我愉快							
3	使用此公益 App 很有趣							
4	我从使用此公益 App 中获得很多满足							

共同愿景

序号	题项	非常不赞同	不赞同	有些不赞同	中立	有些赞同	赞同	非常赞同
1	我认可此公益 App 提倡的价值观和愿景							
2	我与此公益 App 有共同的目标							
3	我愿意为实现此公益 App 的目标贡献自己的力量							
4	我将自己作为此公益 App 的合作伙伴							

习惯

序号	题项	非常不赞同	不赞同	有些不赞同	中立	有些赞同	赞同	非常赞同
1	参与此公益 App 对我来说是很自然的事							
2	使用此公益 App 已经成为我生活的一部分							
3	当我想使用公益 App 时，会很自然地选择此公益 App							

持续参与意愿

序号	题项	非常不赞同	不赞同	有些不赞同	中立	有些赞同	赞同	非常赞同
1	我会继续参与到此公益 App							
2	我会推荐他人参加此公益 App							
3	今后我将继续参加此公益 App 而不是其他公益应用							

二、您的个人信息

1. 性别：_____

A. 男　　　　　　　　B. 女

2. 年龄：_____

A. 18～24 岁　　　　B. 25～30 岁　　　　C. 31～34 岁

3. 教育程度：_____

A. 高中及以下　　　　B. 专科

C. 本科　　　　　　　D. 硕士及以上

4. 您的职业：_____

A. 企业工作人员　　　B. 政府公务员

C. 教师　　　　　　　D. 学生　　　　　　E. 其他

问卷到此结束，感谢您的支持和帮助！